2 € DE L’HEURE

DE LA MÊME AUTRICE

(avec Wally Bordas)
Tout ça pour ça
Couacs, déceptions, démissions :
enquête au cœur de l'Assemblée nationale
Plon, 2021

NEJMA BRAHIM

2 € DE L'HEURE

La face cachée de l'« intégration » à la française

ÉDITIONS DU SEUIL
57, rue Gaston-Tessier, Paris XIXe

ISBN 978-2-02-150745-4

www.seuil.com

Avant-propos

Deux euros de l'heure. C'est, en moyenne, ce que peuvent gagner des travailleurs illégaux en France dans le secteur de la construction, de l'entretien, de la restauration ou du soin à la personne. Évoluant dans une situation financière et administrative particulièrement précaire, ils luttent chaque jour pour pouvoir subvenir à leurs besoins, s'inscrivant à rebours de l'image que certains voudraient renvoyer d'eux : des « profiteurs » du système social français, qui ne viendraient en France que pour bénéficier des aides de la Caisse d'allocations familiales ou de l'aide médicale d'État. Ils font en réalité beaucoup plus d'heures que la normale, travaillant parfois du petit matin jusqu'à la nuit tombée, sans contrat de travail, en étant rémunérés au lance-pierre – lorsqu'ils sont effectivement rémunérés. Ils se tuent à la tâche.

Leur histoire est celle de plusieurs centaines de milliers de personnes en France. Celles et ceux que l'on appelle communément les « sans-papiers », que beaucoup tentent aujourd'hui de diaboliser parce qu'ils seraient des « illégaux » ou des « clandestins », contribuent en réalité à faire tourner tout un pan de secteurs économiques en France, le plus souvent dans l'ombre.

J'ai choisi de raconter ces femmes et ces hommes dont une partie des Français ne sait rien ou ne souhaite rien savoir, parce qu'il est plus confortable de fermer les yeux sur leur réalité que d'admettre leur présence parmi nous et leur parcours semé d'embûches.

Trouver un travail pour subvenir à ses besoins et à ceux de ses proches. Faire l'expérience d'être exploité par un employeur peu scrupuleux. Devoir dépendre, lorsque l'on est une femme, d'un homme qui ne cherche qu'à savourer votre vulnérabilité. Peiner à trouver un logement. Évoluer dans des métiers éreintants. Vivre dans la peur d'être contrôlé. Être au mauvais endroit au mauvais moment et se voir interpellé. Être menacé de renvoi dans son pays d'origine. Lancer une demande de régularisation que la préfecture préfère ignorer, ou tout simplement rejeter, malgré toutes les preuves de son insertion sociale et professionnelle. Tenter, encore et toujours, de convaincre de sa bonne foi et de son honnêteté, loin des clichés cherchant à associer à tout prix l'insécurité ou la fraude sociale à toute personne d'origine immigrée.

C'est cela la face cachée de l'« intégration » à la française, que vantent les politiques année après année, sans jamais reconnaître que rien n'est mis en place pour accompagner les personnes étrangères dans cette dite « intégration ».

Une partie des Français ne voit que ceux que le gouvernement s'acharne à pointer du doigt. Les « étrangers délinquants », ou « délinquants étrangers » selon la qualité première que l'on souhaite leur attribuer, qu'il faudrait expulser du territoire français de manière plus « efficace » pour régler tous nos maux, quitte à favoriser la « double peine ». Le ministre de l'Intérieur, Gérald Darmanin, met fortement l'accent sur ces profils depuis deux ans, sans préciser vraiment de qui il s'agit – des personnes ayant seulement été interpellées ? Ayant été condamnées en justice ? Ayant purgé une peine de prison ? Mais il se garde bien d'évoquer celles et ceux qui se tuent à la tâche chaque jour, « utilisés » par des patrons en quête de main-d'œuvre volontaire et corvéable à merci, tout en étant précarisés par l'administration, qui rechigne à les régulariser même lorsqu'ils présentent un parcours exemplaire.

Cruellement d'actualité, le sujet des travailleuses et travailleurs sans papiers est trop souvent galvaudé. J'ai observé les gouvernements successifs, sous Emmanuel Macron, instrumentaliser sans relâche le sujet de l'immigration. Durant un an, un énième projet de loi contenant plusieurs volets répressifs est venu planer au-dessus de la tête des personnes étrangères. À chacune de ses allocutions télévisées, Emmanuel Macron est venu souligner l'importance d'un texte « fort » sur l'immigration, renvoyant un message de fermeté. Repoussé à maintes reprises à cause de l'agenda politique, le texte est finalement présenté en décembre 2023 mais rejeté par les députés dès le premier jour en séance publique à l'Assemblée nationale, plongeant le chef de l'État et son gouvernement dans une crise politique majeure.

Depuis près de cinq ans, je traite le sujet des migrations dans le monde et en France pour Mediapart. Il me paraissait primordial de montrer l'envers du décor ; l'envers de ces politiques migratoires mises en place par nos responsables politiques sans jamais consulter les principaux intéressés. Le quotidien de personnes en situation dite « irrégulière ». Certains détracteurs, le plus souvent militants d'extrême droite, me qualifieront d'« immigrationniste », comme cela a déjà pu être le cas par le passé. D'autres diront que je suis « humaniste » ou « utopiste », quand il ne s'agit que de faire preuve de réalisme pour un public déjà présent sur le territoire et faisant partie intégrante de notre société.

Durant des années ou des mois, Sabine, Moussa, Sara, Lamine, Hajer, Yao, Eldhose et Abdel ont accepté de me confier les détails parfois intimes de leur vie, les risques entrepris pour parvenir à atteindre leurs objectifs et leurs désirs à la fois banals et profonds. Ils sont togolais, marocains, vénézuéliens, ivoiriens ou indiens, vivent un peu partout en France, travaillent dans des secteurs d'activité variés mais souvent essentiels, où les patrons peinent à recruter. En témoignant de leur expérience, ils nourrissent l'espoir de voir s'opérer un changement de paradigme en matière migratoire.

En les écoutant me livrer leur récit, je constate (et cela revient très souvent dans la bouche des sans-papiers que je rencontre) que la France laisse prospérer une nouvelle forme d'esclavagisme moderne, qui va bien au-delà des plateformes de livraison comme Uber Eats ou Deliveroo. Notre pays exploite la volonté et la vulnérabilité de celles et ceux qui ont traversé le pire pour pouvoir rejoindre notre sol, et ce pour maximiser son confort, dans une logique purement intéressée, dénuée de toute humanité. Ceux qui en profitent le plus sont les employeurs, que l'État soutient malgré le manque à gagner économique et social que ces politiques de non-assistance à personnes en situation de précarité peuvent engendrer.

Tout n'est affaire que d'hypocrisie : les pouvoirs publics savent parfaitement que des sans-papiers vivent en France et sont utilisés pour faire tourner notre économie, mais ils préfèrent ne pas les régulariser, sans doute pour répondre aux diktats d'une politique du chiffre insensée (il faut toujours plus expulser, il ne faut surtout pas voir le nombre de régularisations augmenter) et pour ne pas avoir à revaloriser les salaires des travailleurs.

Ce livre raconte une histoire qui n'est – presque – jamais racontée.

Introduction

Notre vie est ponctuée de rituels et de petits gestes anodins. Nous nous levons le matin, allons travailler, étudier, ou prenons soin de notre foyer. Nous confions nos enfants à la nounou, nos aînés à l'aide à domicile. Nous prenons les transports en commun. Nous déjeunons au restaurant. Nous nous rendons au supermarché faire quelques courses. Nous nous servons allègrement dans des rayons parfaitement rangés par d'autres. Nous mangeons des fruits et légumes. Nous cuisinons chez nous et jetons nos détritus à la poubelle. Certains d'entre nous font le tri, pensant contribuer à cajoler la planète que d'autres s'échinent à détruire. Lorsque nous développons des problèmes de santé, nous nous rendons à l'hôpital. Lorsque la vie nous le permet, nous prenons des vacances et nous empruntons le train pour aller à la découverte d'autres contrées. Nous nous asseyons confortablement dans notre siège, nous utilisons les W-C lorsque c'est nécessaire. Nous finissons par rentrer chez nous et, un beau jour, nous décidons d'améliorer notre logement, ou mieux encore, d'accéder à la propriété. Nous missionnons des artisans et des ouvriers pour les travaux, parce que, reconnaissons-le, ce n'est pas notre domaine et c'est tout de même pénible. Nous envoyons et réceptionnons des colis via La Poste. Nous commandons nos courses ou nos repas préparés en livraison, parce que nous n'avons tout simplement pas l'envie de sortir ou parce qu'il pleut trop fort et parce qu'aujourd'hui, de grandes plateformes monnaient notre confort au détriment des autres.

Les investigations sur les livreurs Uber Eats, Deliveroo ou Just Eat ont été nombreuses au cours des dernières années. Elles ont jeté une lumière crue sur ce nouveau marché de l'exploitation, derrière lequel se trouvent de nombreux sans-papiers contraints d'utiliser, contre rémunération bien sûr, le compte d'une autre personne disposant de documents d'identité français. L'enquête de mon confrère Gurvan Kristanadjaja, *Ubérisation, piège à cons*, démontre avec brio combien ce confort se fait sur le dos des plus précaires, avec, en première ligne, les personnes exilées ou sans papiers, seules à accepter de pédaler durant des heures et de transporter plusieurs packs d'eau, qu'il pleuve, qu'il vente ou qu'il brûle de canicule, pour servir les plus privilégiés d'entre nous, souvent blancs, souvent cadres. Mais qui peut imaginer que le phénomène est en réalité global, et que des travailleurs immigrés, sans papiers, travaillent chaque jour dans des métiers qui accompagnent notre quotidien ?

Lorsque nous prenons le train, des hommes et des femmes ramassent nos déchets, récurent les toilettes et nettoient derrière nous. Ils passent d'une voiture à l'autre, floqués d'un gilet « Votre hôte cinq étoiles », faisant office de poubelle mobile pour récupérer les déchets que nous pourrions jeter nous-mêmes en fin de voyage. Ce sont aussi eux qui, une brosse et un produit détergent à la main, nettoient les W-C à plusieurs reprises durant un voyage. À la descente du train, des groupes d'immigrés, le plus souvent noirs (il suffit d'ouvrir les yeux pour le constater), patientent sur le quai, observant les voyageurs descendre au compte-gouttes. Ils se faufilent à l'intérieur une fois le train vidé de ses passagers pour faire le grand ménage.

Lorsque nous nous rendons au restaurant, un ou plusieurs travailleurs sans papiers se cachent en cuisine, relégués au mieux au poste de commis, sinon à la plonge, tandis que nous dégustons nos plats en imaginant qu'ils ont été préparés par le chef en cuisine. Une fois le repas terminé, nous laissons nos assiettes aux serveurs, qui les réacheminent vers la cuisine, pour que ces mêmes travailleurs précaires s'occupent de les laver, puis de récurer chaque recoin de la pièce à la fin du service. Une partie d'entre eux est déclarée, une autre, sans doute la majorité, est rémunérée « au noir » : elle reçoit un petit billet en fin de journée ou à la fin du mois et elle peut, si l'équipe est honnête, prétendre à percevoir une part des pourboires à la fin de la semaine. Parfois, en début de collaboration, ils ne sont tout bonnement pas payés, au prétexte que l'essai n'était pas concluant. Deux euros de l'heure : voilà à quoi sont réduits ces employés qui pourtant travaillent sans sourciller et pallient les manques de main-d'œuvre là où ils se font sentir.

Dans nos supermarchés, où nous nous approvisionnons régulièrement, des salariés en charge de certains rayons sont embauchés sur la base de leur passeport et n'ont pas de titre de séjour, alors que le recrutement d'un étranger en situation irrégulière en France caractérise une infraction pénale. Certains sont étudiants et ont un titre de séjour correspondant à leur statut, d'autres sont en situation dite « irrégulière », que l'employeur le sache ou non. Nous ne leur adressons la parole que lorsque nous avons besoin d'eux pour mettre la main sur un produit que nous recherchons. Certains prennent la peine de les saluer, d'autres pas.

Dans nos champs de culture et dans nos vignobles, des hommes et des femmes sans papiers s'échinent à ramasser les fruits et légumes que l'on consomme chaque jour, et s'attellent à faire les vendanges en été pour permettre aux Français et aux touristes de boire du vin tout au long de l'année. Sous une chaleur écrasante, contraints de respecter des horaires précis et difficiles, et de s'adapter, souvent, aux conditions météorologiques, les ouvrières et ouvriers agricoles se tuent à la tâche et survivent parfois dans des logements exigus et insalubres le temps de leur mission. Les exploitants agricoles se tournent vers cette main-d'œuvre peu gourmande en rémunération et tolérante quant aux conditions de travail, à l'heure où de nombreux Français désertent la profession.

Parmi le personnel soignant, en milieu hospitalier, se trouvent aussi des médecins sans papiers, ayant pourtant réussi le concours de médecine en France. L'hôpital est le lieu que l'on cherche tous à éviter. Pourtant, c'est aussi le refuge où l'on sait que des soins appropriés nous seront apportés si nécessaire. La présence de médecins étrangers dans les hôpitaux français, et leur hausse depuis la crise du Covid-19, est connue de nombreux Français. Mais beaucoup ignorent que des médecins doivent aujourd'hui batailler auprès de l'administration de leur établissement et de la préfecture dont ils dépendent pour obtenir le document d'identité français auquel ils ont droit. Ces derniers se retrouvent du jour au lendemain en situation dite « irrégulière », non couverts par l'hôpital en cas de plainte ou de situations problématiques avec des patients, plongés dans une précarité administrative qu'ils ne pouvaient imaginer. Certains sont même menacés d'expulsion par l'État français alors que l'hôpital vit une crise majeure.

Lorsque nous confions notre mère ou notre père à une aide à domicile, autrement appelée auxiliaire de vie, nous ignorons souvent que celle-ci travaille sans titre de séjour, même lorsqu'elle est embauchée et missionnée par une entreprise spécialisée dans les métiers du soin. Le métier est souvent ingrat : il s'agit de s'occuper de personnes âgées ou dépendantes, en situation de handicap ou d'obésité chronique, pour chaque petit geste du quotidien. Les accompagner pour les sorties lorsqu'elles sont en capacité de se déplacer, leur faire les courses, leur préparer les repas, les faire manger comme on ferait manger un enfant en bas âge, les coucher, les déplacer du lit au fauteuil roulant, leur faire la toilette, les accompagner aux W-C ou les doucher… L'aide à domicile prend soin d'elles comme s'il s'agissait de ses propres parents ou enfants.

De nombreux parents sans moyen de garde se tournent vers une nounou, chargée de récupérer les enfants à la sortie de l'école, de les ramener à la maison, leur donner le goûter, leur faire faire les devoirs et leur faire prendre la douche en attendant le retour des parents le soir venu. Celle-ci peut être sans papiers. Des journées de travail longues et denses, souvent payées au lance-pierre, sans forcément être déclarées. Certains parents exigent que la nounou soit bilingue français-anglais, ou français-espagnol, pour apporter une plus-value à leurs enfants, leur permettant d'apprendre une langue étrangère tout en étant gardés par un tiers. En somme, il est demandé à une personne en situation souvent précaire de faire deux métiers en un, sans que cela ne choque personne. Car l'apprentissage d'une langue étrangère correspond là à un autre métier, celui de professeur. Mais pourquoi s'embêter lorsque l'on peut faire d'une pierre deux coups au même prix.

Sur les chantiers de construction français, de nombreux travailleurs sans papiers sont à la manœuvre, et certains d'entre eux y laissent d'ailleurs leur vie, dans l'indifférence générale. Depuis la France, nous avons suivi et fortement critiqué la condition atroce des travailleurs migrants employés pour la préparation de la coupe du monde de football au Qatar en 2022[1]. Dans une moindre mesure, mais avec de nombreux abus également, nous avons aussi notre système d'exploitation. L'exemple le plus criant est celui des Jeux olympiques de 2024. De la même façon, chaque jour au petit matin, des groupes d'hommes font le pied de grue à Aubervilliers et à La Courneuve (Seine-Saint-Denis), lieu de rendez-vous pour les chefs de chantier en manque de main-d'œuvre, dans l'espoir d'être choisis par des patrons qui les feront travailler à la journée pour un billet de cinquante euros, sans être couverts en cas d'accident du travail. Chaque jour, des hommes en font de même devant le magasin Leroy Merlin de Vitry-sur-Seine (Val-de-Marne), et bien d'autres magasins de bricolage, cette fois pour le compte de particuliers ou d'artisans en manque de main-d'œuvre, qui ne peuvent ou ne veulent porter de charges lourdes, matériaux ou meubles imposants.

Dans nos boulangeries, celles et ceux qui façonnent le pain traditionnel français que le monde entier nous envie, ainsi

1. Accusées de faire de l'esclavagisme moderne en exploitant des personnes issues de milieux défavorisés, contraintes de travailler sous une chaleur extrême, et en leur confisquant leur document d'identité, les autorités qatariennes n'ont cessé de nier les faits.

que nos belles pâtisseries, sont parfois sans papiers, souvent exploités par des employeurs qui leur imposent des horaires de nuit, promettant de leur fournir le document Cerfa nécessaire pour déposer leur demande d'admission exceptionnelle au séjour, pour finalement trahir leur promesse le jour venu. Parmi eux, certains sont d'anciens mineurs non accompagnés (MNA), pris en charge par l'Aide sociale à l'enfance (ASE) et donc le département, mais rendus à l'état de personnes en situation irrégulière, une fois leur majorité atteinte, par la préfecture, qui remet alors en doute leurs documents d'identité – un classique pour les jeunes Guinéens, notamment – et leur demande de quitter le territoire français. Certains sont protégés par leur responsable : on pense à Stéphane Ravacley, le boulanger de Besançon qui a entamé une grève de la faim pour empêcher l'expulsion de son apprenti, Laye Fodé Traore. Car hormis les cas d'apatridie, on ne naît pas sans-papiers, on le devient : ce sont les politiques des frontières, tout comme nos politiques migratoires nationales, qui créent ce « statut » qui n'en est pas un et y maintiennent les personnes.

Cet univers parallèle, que beaucoup de Français ne peuvent imaginer, est volontairement entretenu par les pouvoirs publics et les grosses entreprises, qui utilisent cette main-d'œuvre corvéable à merci pour développer leur activité tout en se garantissant un profit maximal. C'est le monde insoupçonné des personnes privées de droits, que l'État assume d'abandonner au prétexte qu'elles auraient rejoint le territoire national de manière irrégulière. Au cours des dernières années, les ministres de l'Intérieur qui se sont succédé n'ont cessé d'appuyer des politiques du chiffre visant à expulser toujours davantage et à « mieux contrôler » l'immigration. Dans les préfectures françaises, associations d'aide aux étrangers et avocats s'entendent souvent dire, en « off », que les personnes sans papiers ne sont pas leur priorité, et que l'objectif est d'abord de traiter les demandes de titres de séjour des étrangers en situation régulière, pour éviter de leur faire perdre leur droit au séjour – ce qui, dans les faits, est loin d'être le cas puisque l'État fabrique lui-même ses propres sans-papiers, nous y reviendrons plus tard dans ce livre.

En réalité, les autorités laissent une majorité de ces sans-papiers vivre sur le territoire français, en les maintenant sous une menace permanente d'expulsion, en les effaçant de tout discours politique et de toutes politiques d'insertion et en les contraignant à une logique de survie. Les sans-papiers sont utilisés par l'ensemble de la société avec l'assentiment des pouvoirs publics. Ils participent à la construction de notre pays et font tourner l'économie, mais ils n'ont pas de droits en contrepartie. Lorsque des abus sont constatés, l'employeur est rarement mis en cause : peu nombreux sont les travailleurs qui osent dénoncer les pratiques de l'entreprise qui les a embauchés sans les déclarer. Peu nombreux sont ceux qui connaissent l'existence d'un syndicat pouvant les accompagner dans leurs démarches. Peu nombreux sont ceux qui osent franchir la porte d'un commissariat pour livrer leur récit et porter plainte en vue de saisir la justice.

Je me souviens de Mobio, un travailleur sans papiers ayant trouvé le courage de contacter la rédaction de Mediapart en 2022 pour dénoncer ce qu'il qualifiait de « réseau d'abus de pouvoir et d'esclavage » au sein des magasins franchisés de l'enseigne Franprix. Durant un an, j'ai enquêté sur les pratiques de cet employeur, récoltant de nombreux témoignages concordants qui confirmaient tous qu'un turnover particulièrement important était constaté parmi les équipes des différents magasins ; avec, à chaque fois, un certain nombre de travailleurs sans papiers. Tous les maillons de la chaîne de décision, du patron à la comptable en passant par les responsables de magasin, étaient parties prenantes du système d'exploitation de ces sans-papiers. Mobio a fini par être renvoyé du jour au lendemain, avec le concours des policiers venus le contraindre de sortir du magasin, alors que plusieurs de ses salaires ne lui avaient pas été versés. Sans doute les clients de ce magasin n'ont pas voulu voir le drame qui s'est déroulé sous leurs yeux ce jour-là.

Ce monde est invisible parce qu'il est inconcevable et inhumain. Il renvoie au visage de nos dirigeants leur incompétence politique, voire leur fourberie, et souligne combien ils sont prêts à tout pour asseoir leur pouvoir en broyant les plus vulnérables. Il rappelle aux entreprises leurs stratégies de maximisation des profits au détriment des plus précaires, lorsqu'elles n'hésitent pas à contourner la loi pour arriver à leurs fins. Et il renvoie au visage des simples citoyens, consommateurs de produits et services fournis en partie par les sans-papiers, une forme de laissez-faire, voire de complicité, dans cette surexploitation d'êtres humains que beaucoup aujourd'hui qualifient d'esclavage moderne. Sans doute est-il plus aisé de s'enfoncer dans le déni que d'accepter de voir la réalité en face et de la combattre. Notre confort de vie se construit aujourd'hui sur le dos des migrants, que l'on maltraite sur tous les plans et que l'on refuse de voir comme des citoyens français, résidant en France et déjà pleinement intégrés malgré tous les obstacles qu'ils ont dû affronter.

Ce monde est inimaginable pour beaucoup parce que l'État fait tout pour le dissimuler. Poussés à la clandestinité, les personnes sans-papiers doivent développer des stratégies d'invisibilisation. « Le sens de l'histoire et la justice la plus élémentaire, c'est de les reconnaître », déclaraient Marilyne Poulain, ancienne figure de la CGT pour la lutte des sans-papiers, et Pierre Coppey, président de Vinci Autoroutes, dans une tribune publiée par *Le Monde* début 2023. « Vivre ensemble, faire société, nous oblige à ne pas accepter leur invisibilisation sociale qui en fait, trop souvent, les boucs émissaires du débat public. Elles méritent notre attention et notre considération. Elles ne constituent pas qu'une force de travail. Elles aspirent à l'égalité, à la fraternité et donc à la liberté. Leur accès légal au travail et au logement est notre devoir. » Ces appels à une forme de reconnaissance et de considération à l'endroit des sans-papiers sont rares (surtout venant du patron d'une entreprise du Cac 40) mais salutaires. Ils doivent être multipliés pour donner un maximum de visibilité à ce public et à l'instrumentalisation que l'on en fait. Car la France ne peut sortir gagnante d'une stratégie à la fois démagogique et opportuniste consistant à maintenir des travailleurs dans l'irrégularité, à la merci des employeurs, des personnes qui leur prêtent leur document d'identité ou encore des bailleurs. Ces relations basées sur une forte dépendance sont génératrices de souffrances et d'exploitation. Nous devons ouvrir les yeux sur cette réalité et leur permettre, au contraire, de gagner en autonomie et de sortir de l'ombre. Il n'y a qu'en visibilisant leur situation, à l'aide de voix multiples venues de la société civile et du monde économique, que le rapport de force pourra s'inverser.

Je côtoie des personnes sans papiers depuis près de cinq ans. Toutes ont des parcours singuliers, souvent semés d'embûches. Beaucoup sont installées en France depuis une ou plusieurs années. Le plus souvent, elles vivent seules ou en communauté, elles travaillent, elles éduquent leurs enfants, elles s'informent sur le monde qui les entoure. Elles gardent un lien étroit avec leurs proches, qu'elles appellent en visio pour essayer de conserver un contact humain avec celles et ceux qu'elles ne peuvent plus voir ni toucher. Elles sont comme monsieur et madame Tout Le Monde. Mais ce qui les différencie du commun des mortels reste sans aucun doute la précarité – financière et administrative – avec laquelle elles doivent composer chaque jour. Leur situation administrative les contraint à s'anonymiser et à se cacher. Il faut parfois de longs mois pour les mettre en confiance et parvenir à les connaître pour ce qu'elles sont, et non ce qu'elles veulent montrer. Certaines doivent mentir sur leur identité, à l'instar de Sabine, qui s'est habituée à emprunter le nom d'une autre après avoir bâti, malgré elle, toute sa vie professionnelle sur un alias. Durant toute la période durant laquelle elle a été sans-papiers, Hajer a dû raser les murs de l'hôpital où elle soignait pourtant des Français au quotidien. Réduite au silence, elle n'a pas osé visibiliser ou médiatiser sa situation, paralysée à l'idée de subir d'éventuelles représailles de la préfecture. Aujourd'hui encore, elle vit dans la peur d'être de nouveau frappée par l'instabilité, dans un pays qu'elle a pourtant choisi pour ses principes républicains, comme le respect des droits et l'égalité. Ce que certaines associations qualifient de politique de « non-accueil » à l'endroit des étrangers en France, et que d'autres résument à une forme de maltraitance institutionnelle, ne peut impacter positivement la perception que les personnes étrangères et leurs aidants développent de la France. Si elle ne vise qu'à dissuader les prochains de venir, elle décourage également ceux qui vivent déjà parmi nous et tentent de s'« intégrer », autant que faire se peut, dans un pays qui réclame de leur part l'« assimilation » et l'effacement, parfois, de leur propre histoire et de leurs origines, comme lorsque Éric Zemmour exprime la volonté de leur imposer des prénoms français.

Ce livre vise à raconter la face cachée de l'« intégration » à la française vantée par beaucoup sans que ne soit jamais mesuré l'impact des politiques mises en place à l'endroit des personnes étrangères en France. Rendre la vie impossible aux sans-papiers vivant en France ne les conduira pas à quitter notre pays. Ils vivent ici, ils travaillent ici, ils restent ici ; comme ils le disent et le répètent de manifestation en manifestation lorsqu'ils s'emparent de la rue pour réclamer leurs droits. La France n'a pas besoin de « fermeté », elle est au contraire assoiffée de justice sociale et de cohésion. Reléguer une partie de la population au second plan au motif qu'elle n'aurait pas de « papiers » français ne la fera pas disparaître pour autant. Celle-ci tente de survivre et de se frayer un chemin malgré les obstacles dressés devant elle, justement du fait de son profond attachement à la France. Leur corps meurtri par les violences subies dans le pays d'origine, puis durant le parcours migratoire, est déjà là. Leur esprit est déjà là. Et leur existence est déjà là. Nier cela revient à sous-estimer le sentiment d'appartenance qu'ils peuvent avoir pour la France, ce que personne ne se permettrait pour des expatriés ou même des Français. Croire que l'on peut enrayer ce sentiment d'appartenance par de simples expulsions vers le pays d'origine est une illusion. Aucune politique migratoire ne peut se bâtir sur le fondement des éloignements. Peu importe le nombre de personnes sans papiers que l'on renvoie, d'autres tenteront malgré tout de rejoindre le sol français pour y trouver refuge, qu'ils fuient la guerre, les persécutions, l'homophobie, les bouleversements climatiques ou la misère économique ; celle-ci découlant, faut-il le rappeler, du pillage des richesses dans les pays du Sud. Tant que la France restera un pays riche, elle restera attractive, m'a dit un jour Stéphane Maugendre, du Groupe d'information et de soutien des immigrés (Gisti). J'ajouterais que tant que la France restera stable sur le plan politique, social et climatique, de nouvelles personnes tenteront de s'y établir. Peu importe la hauteur des murs que l'on construira, peu importe le nombre de militaires que l'on déploiera aux frontières. Les migrations sont inévitables et ne doivent pas être perçues comme un fardeau. Accueillons avec bienveillance, en construisant des politiques migratoires dignes.

CHAPITRE 1

Le manque à gagner

« Il ne faut pas être hypocrite. Il y a en effet des métiers en tension qui embauchent beaucoup de femmes et d'hommes qui viennent de l'immigration et qui sont souvent en situation précaire, et, depuis plusieurs années, parfois depuis plusieurs décennies. » Ces propos, prononcés par Emmanuel Macron le 24 septembre 2023 en réponse aux questions d'Anne-Claire Coudray et Laurent Delahousse pour TF1 et France 2, ont vite été nuancés par la suite. Les métiers en tension doivent « quand même » d'abord être occupés par « nos compatriotes ». La France enregistre un taux de chômage à 7 % et l'idée d'orienter les chômeurs vers les métiers en mal de main-d'œuvre est au cœur de la réforme « France Travail », explique le chef de l'État. « On ne peut pas accepter un discours qui consisterait à dire : ce sont des gens qui sont étrangers, en situation irrégulière, qui vont occuper les métiers dans le BTP, la restauration ou autre. Non. » Ce qu'il perçoit comme le « bon sens » du projet de loi sur l'immigration concerne des « situations très humaines », poursuit-il. « Quand vous avez des femmes et des hommes qui sont là pour travailler, qui travaillent bien, qui sont de fait intégrés, il ne faut pas les laisser dans la précarité administrative. »

Un argument qui aurait sans doute pu convaincre l'opinion publique eût été, de manière très pragmatique, le manque à gagner économique pour l'État – puisque l'argument humaniste et moral ne semble plus convaincre la majorité en France. Mais sur ce sujet, aucune étude scientifique, aucun rapport n'a été réalisé ou dévoilé au cours des dernières décennies. « Il n'y a pas de chiffres », confirme Jean-Christophe Dumont, chef de la division des migrations internationales à la direction de l'emploi, du travail et des affaires sociales de l'OCDE (Organisation de coopération et de développement économiques). « Pas d'études, pas d'estimations », résume l'économiste Antoine Math, chercheur rattaché à l'Institut de recherches économiques et sociales (Ires). Il y a bien un rapport du Conseil d'orientation pour l'emploi, rendu public en 2019, sur la question du travail dissimulé. Celui-ci nous apprenait que le manque à gagner, tous travailleurs confondus, s'élevait à au moins 4,4 milliards d'euros et jusqu'à 5,7 milliards d'euros pour les régimes de protection sociale français. Des chiffres similaires à ceux dévoilés en 2012 par l'Insee, visant à évaluer le manque à gagner en matière de cotisations sociales dans le secteur privé cette année-là. Dans la présentation du plan national de lutte contre le travail illégal, présenté au printemps 2023 et courant jusqu'en 2027, l'on apprend que ce manque à gagner atteint de 5,2 à 6,6 milliards d'euros pour la sécurité sociale et l'assurance chômage en 2021, selon l'estimation publiée par l'observatoire du travail dissimulé. Le Haut Conseil au financement de la protection sociale relève par ailleurs un taux de cotisations éludées se situant entre 2,2 et 2,7 %. « La lutte contre le travail illégal contribue à garantir les conditions d'une saine concurrence, financer le régime de la protection sociale et permettre la bonne prise en compte des droits des salariés. Il y a donc un fort enjeu à ce que les situations de travail dissimulé puissent s'accompagner du rétablissement effectif des salariés dans leurs droits à rémunération et à la protection sociale. La dissimulation partielle ou totale d'emploi a un impact direct sur l'ouverture et le calcul des droits à prestations sociales des salariés victimes de travail dissimulé », peut-on lire dans le document de présentation du plan.

En 2021, la part correspondant à l'emploi d'étrangers sans titre de travail représentait 13 % des infractions ayant donné lieu à des procédures pénales en France. Sur les quelque 2,5 millions de « travailleurs illégaux, dissimulés ou partiellement dissimulés » recensés par le Conseil d'orientation pour l'emploi en France, qui inclut également les Européens ou les nationaux, personne ne sait dire combien il y a de travailleurs sans papiers. C'est ce qui rend l'estimation du manque à gagner pour l'État et les régimes de protection sociale presque impossible. Durant des mois, j'ai recherché les chiffres de ce monde invisible. Des chercheurs, économistes parfois renommés, ont admis qu'il s'agissait d'un « angle mort » de la recherche scientifique en France. Certains de mes interlocuteurs m'ont aussi soufflé que si ces données existaient, elles devaient être bien gardées. « C'est tout le problème », déplore le sénateur socialiste Alexandre Ouizille. « La recentralisation de la question migratoire au ministère de l'intérieur depuis la réforme Sarkozy a donné lieu à une lecture exclusivement sécuritaire du sujet et à une occultation des apports de l'immigration et des problématiques de travail » en particulier. Antoine Math, chercheur spécialiste de l'accès aux droits, du non-recours aux prestations sociales et des enjeux sociaux liés à la politique d'immigration, est le seul interlocuteur qui se risque à un calcul pour tenter de rendre compte de cette réalité. Un calcul « de coin de table », comme il le précise lui-même, conscient que la tâche est rude. Sur le nombre estimé de sans-papiers présents en France, soit environ 700 000, tous ne travaillent pas de la même façon : certains travaillent sous alias, d'autres en utilisant un faux document d'identité, d'autres enfin en étant déclarés sans avoir pour autant présenté un document d'identité français. Un travailleur servant d'alias pour plusieurs personnes va déclarer des revenus particulièrement élevés et payer des impôts en conséquence, souligne de son côté la députée communiste Elsa Faucillon pour montrer combien le chiffrage est complexe. Le manque à gagner peut donc surtout être estimé sur la base des travailleurs sans papiers non déclarés. Tout n'est qu'estimation, fondée sur des hypothèses les plus plausibles possibles. « Il faut commencer par calculer le salaire moyen de ceux-là. Ensuite, si l'on part sur une hypothèse *plutôt* haute du nombre de travailleurs, soit 400 000, et s'ils touchent un Smic mensuel, soit 1 500 euros nets, cela signifie qu'il y a près de 500 euros par mois de pertes de recettes pour les finances publiques, et donc 6 000 euros par an et par personne. » Le total atteint 2,4 milliards d'euros.

« Est-on plutôt en haut de la fourchette ou en bas ? Difficile à dire. Cela donne un ordre de grandeur plausible. » C'est autant d'argent perdu pour les finances publiques chaque année, vis-à-vis des organismes sociaux, comme les caisses de la sécurité sociale, de retraite, de famille ou de chômage. Comme à ces niveaux de rémunération, proches du Smic, l'essentiel des cotisations sociales ne sont pas payées par l'employeur mais compensées par l'État aux organismes sociaux, « quelque part, c'est donc l'État qui profite le plus du travail des sans-papiers, en faisant des économies sur les caisses de sécurité sociale et les autres organismes sociaux », souligne l'économiste. Mais au final, l'État est probablement perdant à ne pas régulariser tous ces travailleurs qui ne sont aujourd'hui pas déclarés. D'autres acteurs en revanche y gagnent grandement, notamment certains employeurs et certaines branches d'activité. « Pour l'État, ce n'est pas vraiment un argument. C'est là toute l'hypocrisie », pointe le chercheur. Un « tas de secteurs d'activité » vivent aujourd'hui grâce à cette main-d'œuvre. Il se remémore la construction de l'autoroute « A86 », en région parisienne, qui n'aurait jamais été achevée sans les ouvriers maliens qui n'ont pas rechigné à travailler de nuit, durant des mois. « Les pouvoirs publics le savent très bien. C'est la même chose pour les chantiers prioritaires actuels, comme les gares du Grand Paris ou les chantiers des Jeux olympiques. » La sous-traitance en cascade protège les entreprises donneuses d'ordre de tout risque, venant diluer leur degré de responsabilité. « Il y a très peu de contrôles sur ces secteurs-là. »

Que l'État accepte de perdre de l'argent pour protéger les entreprises et les employeurs n'est pas chose nouvelle. « Si on regarde l'ensemble des aides allouées aux entreprises, on atteint 2 milliards par an », relève l'économiste. C'est une donc affaire qui marche : il y a des avantages, pour les employeurs, à conserver cette main-d'œuvre corvéable à merci. L'État se range du côté des puissants bien qu'il soit perdant. Quid des appels de certains employeurs, qui tentent de se faire entendre depuis quelques années pour pousser le gouvernement à aller dans le sens d'une régularisation des travailleurs dans les métiers qui peinent à recruter ? « Bien souvent, ils se mobilisent lorsqu'ils risquent de perdre leur employé. Je ne dis pas que tous les patrons exploitent ces travailleurs, mais globalement il y a mobilisation parce qu'il y a un intérêt bien compris », analyse le chercheur. En résumé, un employé qui donne entière satisfaction et a été formé n'a plus lieu d'être exploité en tant que sans-papiers, parce que l'employeur souhaitera le garder dans ses équipes.

Antoine Math évoque une proposition de loi datant du début des années 1980, déposée par Jean-Jacques Dupeyroux, proche de la gauche socialiste. « Un ponte de la sécurité sociale », commente-t-il. Cette proposition visait à lutter contre le travail illégal des sans-papiers et devait leur permettre d'être systématiquement régularisés dès lors qu'ils s'étaient signalés comme victimes. « Si l'on prétendait vraiment vouloir lutter contre l'emploi illégal de sans-papiers, on inscrirait cela dans la loi. Les premiers à se mobiliser seraient les employeurs des secteurs d'activité qui en ont besoin. » Mais les pouvoirs publics semblent vouloir laisser faire, malgré un manque à gagner à tous les points de vue – économique ou social. « On fait semblant, on s'agite, et pendant ce temps on supprime des postes d'inspecteur du travail. »

Pour Jean-Christophe Dumont, le manque à gagner s'agissant de la main-d'œuvre sans papiers en particulier reste difficilement quantifiable, puisque le travail fourni par ce public est par nature souvent dissimulé. Une partie d'entre eux présente une activité professionnelle morcelée, notamment lorsqu'elle n'est pas déclarée. « Leur taux d'emploi n'est donc pas forcément de 100 %, tout comme ils ne travaillent pas forcément à temps plein. » Il ne serait pas étonné non plus, tempère-t-il, qu'une part importante de travailleurs en situation irrégulière soient déclarées en France. Aux États-Unis,

66 % des travailleurs sans papiers sont en fait déclarés », précise-t-il.

Le manque à gagner est difficilement contestable, mais serait très significatif sur certains secteurs, qui fonctionneraient moins bien sans les travailleurs immigrés, en particulier en situation irrégulière, tels que la restauration, la construction ou le soin à la personne. Il se mesurerait selon lui aussi dans le long terme. « Au départ, les personnes non déclarées ne cotisent pas directement pour les régimes de protection sociale. Si elles sont régularisées, elles ont des droits ; ce qui signifie que l'impact fiscal ne peut pas avoir d'effet positif immédiatement. »

D'un point de vue macroéconomique, la régularisation des sans-papiers fait sens. Du point de vue humain et social, important également, refuser de régulariser creuse les inégalités et mine la cohésion nationale. « Avoir des personnes maintenues en situation irrégulière de manière pérenne en France ne peut rien apporter de bon », commente-t-il, avant de nuancer son propos et de préciser qu'il n'appelle pas à la régularisation de tous les sans-papiers sans distinction. Régulariser tout le monde et systématiquement reviendrait à reconnaître que nos politiques migratoires n'ont pas de sens, estime Jean-Christophe Dumont, qui propose de s'arrêter à celles et ceux qui sont présents sur le territoire français « depuis longtemps », ont des enfants scolarisés, travaillent… « Il y a tout un tas de personnes qui devraient être régularisées, il n'est pas normal qu'on les laisse dans de telles situations de précarité et de vulnérabilité. » Dans une note de l'OCDE datant de janvier 2020, un ensemble de mesures est préconisé pour pallier des dysfonctionnements, en commençant par l'ouverture de voies légales de migrations, de façon à permettre aux étrangers qui le souhaitent de pouvoir travailler « de manière légitime », et en renforçant les sanctions à l'égard des employeurs qui profitent des travailleurs se trouvant en situation irrégulière. Le chef de la division des migrations internationales dit s'étonner de voir autant d'employeurs appeler de leurs vœux la régularisation des travailleurs sans papiers, en particulier dans le secteur de la restauration. « C'est assez récent et cela vient mettre en lumière une certaine réalité, qui était niée jusque-là. » Le célèbre chef Thierry Marx allait jusqu'à réclamer, en décembre 2022, la « régularisation rapide de nos salariés étrangers » ayant démontré leurs compétences mais se retrouvant malgré tout « plongés dans l'illégalité du jour au lendemain ». L'Union des métiers de l'industrie et de l'hôtellerie la réclame depuis longtemps, explique-t-il dans un entretien accordé à l'ancienne équipe du *Journal du Dimanche*. Il décrit, ligne après ligne, des travailleurs vivant en France depuis de nombreuses années, intégrés, ayant un logement et un « projet professionnel dans lequel ils s'épanouissent ». « Ils ne posent aucun problème. Et un jour, sans que l'on comprenne pourquoi, leur titre est suspendu. Ou bien, du fait des lenteurs administratives, ils le perdent. » Il met en avant la ponctualité et l'implication qui les caractérisent, mais aussi « leur envie de réussir ». Et explique combien il est difficile de s'en séparer, lorsque leur situation administrative ne rentre pas dans l'ordre. « C'est un crève-cœur. »

Dans la profession, qui compte 19 % de salariés d'origine étrangère, le turnover est important, notamment depuis l'ère du Covid-19. Si la main-d'œuvre étrangère n'a pas spécialement progressé au cours des cinq dernières années dans la profession, elle permet toutefois de compenser les départs, et notamment les désaffections observées depuis la crise sanitaire.

Stopper l'immigration, dit-il, « poserait problème » à bon nombre de secteurs, dont celui de la restauration, mais aussi du BTP ou de la réparation automobile. Thierry Marx plaide pour un titre de séjour sur les métiers en tension qui faciliterait les démarches administratives et « sécuriserait » les entreprises, comme les employés. « Certains préfèrent se mettre un mouchoir sur les yeux mais la réalité du terrain, c'est ça : quand vous cherchez des pâtissiers ou des cuisiniers et que vous n'en trouvez pas en France, il faut bien regarder ailleurs. C'est assez logique, pas besoin de soumettre ça à un débat qui ne serait pas le bon. » À peu près à la même période, soit en novembre 2022, son confrère Alain Fontaine monte lui aussi au créneau. « On a aujourd'hui des Français, et c'est politique donc ça ne me regarde pas, qui préfèrent rester au chômage plutôt que de venir travailler dans nos entreprises », constate le président de l'association française des maîtres restaurateurs, au micro de RMC le 1er novembre 2022, en précisant que le Covid-19 a contribué à la disparition d'un grand nombre d'employés. Il fait état d'un besoin considérable de personnel et de politiques migratoires contre-productives, qui permettent d'une part de former des jeunes, lorsqu'ils sont mineurs, dans des lycées hôteliers et centres de formation d'apprentissage (CFA), et interdiront d'autre part de les employer une fois majeurs. C'est souvent le cas pour les anciens mineurs non accompagnés protégés par l'Aide sociale à l'enfance mais menacés d'expulsion par la préfecture à leur majorité. « On finit par être entendu parce qu'il y a vraiment un sujet dans nos restaurants, mais pas que. Mineurs, ils n'étaient pas inquiétés par le problème de ne pas avoir de papiers. Mais on ne peut pas les employer, ils restent sur les trottoirs. À un moment donné, on les fait quand même rentrer dans nos établissements et on les aide auprès des préfectures pour qu'ils puissent avoir leurs papiers. Mais ça nous met dans des situations borderline au niveau de la régularité », relate-t-il. Ce décalage des politiques mises en place par l'État avec la réalité du terrain, Marilyne Poulain[1], ancienne de la CGT, n'a cessé de le dénoncer auprès des instances dirigeantes, qu'il s'agisse des préfectures ou des ministères de l'Intérieur et du Travail. « On est face à une réalité sociale et économique, certains secteurs d'activité ne fonctionneraient pas aujourd'hui sans les personnes étrangères. » L'ancienne responsable du collectif travailleurs migrants à la CGT a réalisé, durant des années, un travail de sensibilisation sur le sujet, visant à obtenir une « égalité de traitement et de droits ». « On l'a dit et répété dans nos discussions avec l'État, mais il y a toujours eu cette idéologie de l'appel d'air[2] qui planait, avec la crainte d'envoyer un signal aux personnes de l'autre côté de la Méditerranée. » La députée communiste Elsa Faucillon

1. J'ai régulièrement échangé avec Marilyne Poulain alors qu'elle était encore membre de la CGT, en charge du Collectif « migrants » du syndicat, et avant qu'elle ne soit nommée préfète à l'égalité des chances dans le Bas-Rhin. Aucune de ses analyses n'a été recueillie après sa prise de fonction à Strasbourg

2. Cette théorie émanant de l'extrême droite laisse entendre que la présence des bateaux de sauvetage en mer (en Méditerranée notamment) pousserait les exilés à tenter la traversée, conscients d'avoir la possibilité d'être secourus. La période du Covid-19 a démontré tout l'inverse : durant des mois, aucun navire d'ONG n'était présent sur zone et les départs n'ont pas cessé pour autant. La théorie de l'« appel d'air » laisse aussi penser que les politiques mises en place au niveau national pourraient influencer les personnes dans leur parcours migratoire : ces dernières viendraient par exemple en France pour « profiter du système social » ou des éventuelles vagues de régularisation. De nombreux chercheurs ont démontré qu'elle était infondée.

se souvient avoir interpellé le ministre de l'Intérieur, Gérald Darmanin, sur la situation de travailleurs sans papiers exploités par le groupe La Poste, embauchés par l'intermédiaire de l'entreprise intérim RSI à Gennevilliers (Hauts-de-Seine). « On était en commission des lois et il s'est mis à parler des travailleurs et du philosophe Karl Marx, alors j'ai sauté sur l'occasion. » Elle propose au ministre de rencontrer une petite délégation de grévistes, et celui-ci accepte. Elle décrit une rencontre « lunaire », courant octobre 2022, en présence d'un conseiller ministériel et du préfet des Hauts-de-Seine. « Darmanin n'arrêtait pas de leur demander comment ils faisaient pour pouvoir travailler, comment ils trouvaient l'alias, comment le patron se servait d'eux… Il a admis, devant nous, que des patrons exploitaient les sans-papiers en toute connaissance de cause », rapporte la députée. L'un des grévistes explique que certains employeurs n'hésitent pas à leur demander eux-mêmes de leur fournir de faux documents d'identité. D'autres vont jusqu'à communiquer les « bonnes adresses » où il est possible de se procurer un faux titre.

Le manque à gagner est pour nos finances publiques, pas pour les patrons, souligne Elsa Faucillon. « Il y a un espace d'exploitation, et évidemment, les patrons se demandent où est-ce qu'ils vont trouver des gens, parmi les régularisés, qui travaillent autant, aussi bien, sans demander plus d'argent. » Ce modèle économique, malsain, ne voit les travailleurs étrangers qu'à travers le prisme d'une variable d'ajustement, « et il faut sortir de cela ». « Quand on est en faveur d'un dépassement du capitalisme, je ne vois pas comment on peut passer sous silence cette réalité. » La régularisation n'est par ailleurs pas une mesure de division entre travailleurs, ajoute-t-elle, mais un moyen d'élever la norme sociale pour toute la société.

Le nivellement par le bas pour les uns signifie un nivellement par le bas pour les autres. Même une fois régularisées, ces personnes restent vulnérables sur le court terme, notamment dans les métiers en tension, souvent pénibles et mal rémunérés, où l'inspection du travail passe peu. Le risque d'exploitation reste donc relativement élevé. À ceux qui estiment que la régularisation ne permettrait pas de combler le manque à gagner, Elsa Faucillon répond « bien sûr que si ». « Pour les personnes qui passent sous les radars et sont non déclarées, il y a évidemment un manque à gagner sur les cotisations. J'entends l'argument disant que si on les régularise, on leur ouvre des droits et cela engendre des dépenses pour l'État. Sauf qu'une fois en situation régulière, ils bénéficient de la prévention des risques, ils sortent de la précarité et sont moins vulnérables, ils dépendent moins de la société, ils cotisent et paient des impôts, ils se forment et montent en qualification… » Et quand on se cache moins, on consomme davantage, on s'inscrit pleinement dans la société. Pour la Cimade, l'enjeu économique derrière la régularisation est indéniable. Mais l'association alerte sur les dangers d'une vision purement utilitariste des personnes étrangères, qu'il ne faut pas instrumentaliser. On se souvient des immigrés que la France a fait venir pour répondre à des besoins, jusqu'au jour où on a décrété qu'on n'en voulait plus, les laissant à l'abandon ou pire, mettant tout en œuvre pour déclencher leur retour alors qu'ils avaient construit une vie ici. « Il y a des principes en termes d'égalité des droits qu'il faut respecter et garder en tête lorsque l'on pense nos politiques migratoires », plaide Fanélie Carrey-Conte, la secrétaire générale de la structure associative.

CHAPITRE 2

La chute

Mardi, Sabine se lève à 7 heures et avale un petit déjeuner rapide avant de se préparer pour se rendre chez sa « patiente » du jour. Elle quitte la chambre qu'elle occupe au Blanc-Mesnil quelques heures après Roland, un Ivoirien qu'elle héberge durant quelques mois avec sa compagne Florence. Le couple a réussi à rejoindre la France en 2020, après un parcours migratoire long de plusieurs années. Roland se lève aux aurores pour rejoindre le chantier de construction sur lequel il est mobilisé depuis plusieurs semaines. Ce jour-là, il se dirige d'un pas vif vers la gare RER du Blanc-Mesnil, à l'heure où les mêmes travailleurs, bien souvent d'origine immigrée, empruntent les transports pour aller ou revenir du travail. La fameuse France « qui se lève tôt ». Il patiente quelques minutes sur le quai puis grimpe dans le premier train qui se présente. À la station Châtelet, au cœur de Paris, il se précipite vers le quai opposé pour s'engouffrer dans le RER A, en direction de Marne-la-Vallée.

C'est à Nation qu'il retrouve l'air frais de l'extérieur et la lumière du jour. Il a environ dix minutes de marche pour rejoindre le quartier de Charonne, dans le XIe arrondissement de Paris, et le chantier de démantèlement d'un ancien poste électrique où il travaille en tant qu'ouvrier pour le compte de l'entreprise « Le Concepte ». La société, tantôt spécialisée dans la plomberie, tantôt dans le génie civil, est un sous-traitant d'Enedis, une entreprise de service public gestionnaire du réseau de distribution d'électricité. Sur le chantier, il manipule chaque jour des machines, soulève des charges lourdes. Des tâches éreintantes avec lesquelles il compose sans rechigner, déterminé à travailler pour subvenir aux besoins de ses proches. Ce mardi-là, lui et ses collègues tentent de faire descendre des charges lourdes d'un étage à l'autre. Roland se trouve seul au troisième étage, ses collègues sont au second. Ils utilisent le sas de l'ascenseur pour le transport des charges à l'aide d'une machine que Roland manœuvre. Ce dernier appelle ses amis pour leur demander de lui envoyer une seconde personne pour l'assister. Mais tout à coup, « la machine s'est mise à bouger, il a perdu le contrôle, elle l'a fauché », raconte son meilleur ami Francis. L'un de ses collègues, qui assiste à la scène, tente de le prévenir du danger mais Roland ne voit rien, n'entend rien. En quelques secondes, il tombe du troisième étage, chutant sur une vingtaine de mètres, puis se fait écraser par cette même machine qui termine sa course sur lui. Son bras est arraché.

Il est environ onze heures, en fin de matinée, au moment de l'accident. La police, les pompiers et des ambulanciers sont vite dépêchés sur place. Mais il est trop tard : Roland est mort sur le coup. L'homme perd la vie dans ce que l'on qualifie communément d'accident du travail, à Paris, ce 4 avril 2023. Il meurt dans l'indifférence générale. Le site d'information ActuParis publie quelques lignes, le 7 avril, indiquant qu'un accident fatal a coûté la vie à un salarié, à la suite d'une chute d'une vingtaine de mètres, le mardi 4 avril 2023 à Paris. Il confirme que le travailleur décédé travaillait pour un sous-traitant d'Enedis. Mais personne ne cherche à lui donner un nom et une histoire. Roland Béranger tombe dans l'oubli, jusqu'à ce que je découvre avec stupeur qu'il est un ami de Sabine.

« Il était l'espoir de la famille », souffle-t-elle. Son histoire et celle de Roland sont désormais liées. Ce dernier était lui aussi travailleur sans papiers. Il avait à peine vingt-sept ans, une compagne, Florence, habitant la région parisienne, et un enfant âgé de cinq ans qui l'attendait en Côte d'Ivoire. Il aurait aimé le faire venir en Europe, un jour, pour qu'il découvre lui aussi le reste du monde, qu'il puisse étudier, travailler, fonder une famille. Roland avait des rêves plein la tête, poursuit Sabine. Il avait rejoint la France deux ans plus tôt, avec l'idée d'entreprendre et de travailler pour subvenir aux besoins de ses proches restés dans son pays d'origine. Comme beaucoup d'autres exilés, il était passé par la Tunisie.

« C'est là que je l'ai connu », me confie Francis. Depuis la ville de Sfax, l'une des villes qui accueille le plus de migrants subsahariens en Tunisie, ils embarquent ensemble le 15 mai 2020 à bord d'un bateau fait de bois, transportant une soixantaine de personnes, en direction de l'Italie. « Il était 20 heures quand on a pris la mer. Dès 3 heures du matin, l'eau a commencé à s'infiltrer. À partir de 6 heures, on s'est relayés sans relâche pour vider l'eau du bateau et sauver tout le monde. » L'embarcation rejoint les côtes italiennes à 16 heures, à moitié submergée. « Dès qu'on a tous débarqué, elle a littéralement coulé. »

Les exilés sont placés en quarantaine durant deux semaines sur un ferry, Covid-19 oblige. Francis et Roland se lient d'amitié, leurs chambres étant situées l'une en face de l'autre. Puis ils sont séparés lorsqu'ils montent à bord des cars qui les acheminent vers les centres d'accueil italiens. Francis a tout juste le temps de noter son compte Facebook pour l'ajouter en ami. « Roland n'a fait que deux semaines dans le *campo* avant de partir pour la France. Moi, je suis resté deux mois en Italie et c'est à Paris qu'on s'est retrouvés. »

Roland commence rapidement à se construire une nouvelle vie. Il travaille d'abord en tant que livreur pour la plateforme Uber Eats et arpente les rues de la capitale à bord d'un Velib (les vélos mis à la location par la Ville de Paris) pour nourrir les Parisiens. Un soir, il reçoit un appel de Francis sur l'application Messenger de Facebook. Ce dernier vient d'arriver et n'a nulle part où aller. « Il m'a retrouvé près de la gare de Lyon, m'a fait des courses et donné vingt euros. Il m'a dit qu'il ne pouvait pas m'héberger car il dormait lui-même sur le canapé d'un ami. » Roland s'installe ensuite dans une colocation à Saint-Denis, puis parvient à faire venir sa compagne Florence de Tunisie, où ils s'étaient rencontrés. Le couple s'installe dans un studio à Vert-Galant, en banlieue parisienne. Durant deux ans, Roland et Francis vivent de la livraison et travaillent ensemble, d'abord à vélo, puis en scooter. Mais du jour au lendemain, début 2023, Uber lui coupe son compte[1].

1. Consciente d'avoir parmi ses livreurs de nombreux travailleurs sans papiers, contraints le plus souvent de louer un compte à un tiers détenteur d'un document d'identité français, la plateforme Uber Eats a brutalement désactivé 2 500 comptes fin 2022, laissant de nombreux livreurs sans revenus. Le 12 septembre 2022, des centaines d'entre eux ont manifesté à Paris pour dénoncer leur situation.

Il reste alors durant deux mois « à la maison », sans travailler. L'un de ses amis, qui s'avère être le colocataire de Francis, travaille dans le BTP et a le contact d'un patron qui recherche de nouveaux bras. Il propose à Roland de rejoindre les équipes. Celui-ci n'a pas vraiment le choix, il est contraint de travailler « au noir » faute de titre de séjour. Comme beaucoup d'autres, l'ouvrier n'est pas déclaré. « Le patron lui laissait penser qu'il le serait bientôt, parce qu'il était satisfait de son travail », rapporte Sabine. Mais après son décès, face à une situation intenable, il tente de le déclarer post-mortem afin de brouiller les pistes.

Francis se souvient de sa conversation téléphonique avec Roland la veille de l'accident, qui lui demande alors d'accompagner sa compagne à l'association mardi matin pour trouver un logement. « Mardi, il m'a réveillé en m'appelant à 6 heures pour me dire que Florence était déjà dans les transports. Quand on est arrivés à l'association, j'étais encore en contact avec lui, il devait être 9 h 30. » La travailleuse sociale qui suit le dossier de Florence lui fait remarquer qu'il manque un document – un justificatif de domiciliation – au dossier. Florence tente de joindre son conjoint plusieurs fois par téléphone, en vain. En fin de matinée, Francis regagne son domicile en RER tandis que Florence se rend à Château-Rouge, où elle travaille en tant que vendeuse dans une boutique de produits africains. Inquiet, Francis tente de nouveau d'appeler son ami, mais son téléphone est désormais éteint. Cela ne lui ressemble pas. « J'étais encore dans le RER quand j'ai reçu un coup de fil de notre ami en commun, qui était avec lui sur le chantier. Il m'a dit qu'il n'avait pas de bonnes nouvelles pour moi. Que Roland nous avait quittés. » Francis ne parvient pas à y croire. Il ne pense qu'à une chose ; sortir de ce train dans lequel il se sent maintenant presque étouffer. Il rebrousse chemin vers Paris, rejoint son ami et les collègues de Roland à Nation, puis organise une délégation pour aller porter la mauvaise nouvelle à Florence. « Quand elle nous a tous vus, elle a compris. »

La compagne de Roland est dévastée. En état de choc, elle fait un passage aux urgences et se voit prescrire des calmants. Lorsqu'elle retrouve la force de se battre, elle et les amis les plus proches de Roland tentent de joindre l'employeur, en vain. « Florence n'a pas arrêté de l'appeler au téléphone mais le numéro n'était plus valable », se souvient Gabriel, le fils de Sabine. D'anciens collègues de Roland lui laissent entendre que l'entreprise a fermé et que « le patron est très occupé ». Alors qu'elle ne supporte plus le silence de l'employeur de Roland et que le besoin de lui rendre justice devient trop saisissant, elle se décide à se rendre au commissariat du XIe arrondissement de Paris pour le dénoncer. Gabriel est à ses côtés pour la soutenir : en tant que sans-papiers, la démarche n'est pas aisée, et l'idée de venir dans les locaux de la police a de quoi terrifier. Mais les policiers qui les accueillent leur disent se souvenir parfaitement de cette affaire. Plusieurs d'entre eux s'étaient rendus sur place, lors de l'accident.

« La première fois qu'on y est allés, on a passé près de deux heures à attendre, sans vraiment savoir pourquoi », relate Gabriel, qui précise qu'il n'y avait pas forcément d'affluence mais que « c'était très long ». Florence finit par être reçue, et passe plus d'une heure dans le bureau d'un officier qui l'interroge et l'écoute livrer son récit. Au moment où elle quitte le bureau, un nouveau rendez-vous est fixé. Elle doit apporter toutes les preuves dont elle dispose pour démontrer ses liens avec la victime. Elle et Roland n'étaient pas mariés. « C'était la condition pour qu'elle puisse aller voir son corps. Ça a été très compliqué de rassembler tous les documents », poursuit Gabriel. La seconde fois, les policiers expliquent ne pas comprendre pourquoi le patron n'a toujours pas appelé Florence, raconte Sabine. « Alors ils l'ont appelé, devant eux. Ils avaient le bon numéro. Il a répondu et leur a dit qu'il avait tenté de joindre Florence mais qu'elle ne répondait jamais, ce qui est faux. » Le patron est convoqué au commissariat la semaine suivante, assurant que Roland était bien déclaré, et qu'il prendrait en charge les frais liés au rapatriement du corps vers la Côte d'Ivoire. « Il a aussi dit qu'il dédommagerait la famille, mais il n'a finalement rien donné », poursuit Sabine, persuadée que ces belles paroles visaient à décourager son amie de porter plainte.

Dans les semaines qui suivent le décès, et sans nouvelles de la part de l'employeur, Gabriel propose d'accompagner Florence lorsqu'elle se rend dans les locaux de l'entreprise ayant embauché Roland. « Il a fallu qu'on insiste pour qu'ils acceptent de nous recevoir. Ils ont dit que la secrétaire devait nous appeler, mais elle ne l'a pas fait. » La sœur de Roland, venue d'Angleterre où elle est installée depuis de nombreuses années, est aux côtés de Florence et de Gabriel ce jour-là. L'employeur propose de faire son possible pour aider à faire rapatrier le corps. Mais aucune mention à une quelconque forme d'indemnisation n'est faite ce jour-là.

« Jusqu'à ce jour, quand mon ami pense à Roland, il n'arrive pas à travailler. C'est lui qui a fait le lien avec le patron et l'a ramené là-bas, alors ça joue sur sa conscience », confie Francis. L'employeur, lui, continue de faire fleurir son business, toujours dans les mêmes conditions. « Il ne déclare pas les Noirs qui travaillent là-bas. Mon ami continue de travailler pour lui et lui a fait le reproche, en rappelant ce qui est arrivé à Roland. » Pour l'heure, l'employeur n'a pas été inquiété par la justice : isolée, Florence n'a pas porté plainte. Le parquet de Paris a cependant ouvert une enquête pour « homicide involontaire » et « emploi d'étranger sans titre » à la suite du décès de Roland. Il confirme que le travailleur sans papiers est mort après une chute de 25 mètres « dans une gaine d'ascenseur dont la sécurité a fait défaut » et indique que le commissariat du XIe arrondissement et la Direction régionale de l'économie, de l'emploi, du travail et des solidarités ont été cosaisis. Le cabinet de la Procureure de la République de Paris m'apprend que ce même chantier avait fait l'objet d'un procès-verbal de l'inspection avant l'accident, « pour non-respect des règles de sécurité ». Un soir, j'accompagne Francis qui se rend sur le lieu du chantier. Il s'arrête devant l'ancien poste de transformation électrique du boulevard de Charonne, au numéro 69, et reste là, sans un mot, observant la façade sur laquelle est mentionné « POSTE NATION ». « Quand on passe devant, on ne peut pas imaginer que l'immeuble est en rénovation », note-t-il. Les ouvertures du bâtiment, présentant une architecture industrielle des années 1930, sont toutes murées à l'aide de briques. Je repère une porte donnant sur le boulevard, laissée grande ouverte, à la vue des passants. Au bout du couloir baigné d'une lumière crue, je devine les entrailles du chantier, qui laissent échapper des bruits à la fois sourds et tonitruants. Roland avait pour habitude de rentrer par le côté, explique Francis, en empruntant le passage du Bureau. La plaque de l'entreprise l'ayant embauché est affichée au mur ; de même que le permis de construire sur lequel figurent la hauteur du bâtiment (26 mètres) et la surface de plancher totale du lieu (9 213 mètres carrés). L'ancien poste de transformation électrique doit être entièrement rénové, dans le cadre du projet « MurMure », sélectionné par la Ville de Paris lors du concours « Réinventer Paris ». Dans ces locaux où un homme a perdu la vie dans l'indifférence, des espaces de création et de loisirs liés aux métiers de la musique seront créés.

Après le drame, les proches de Roland doivent patienter trois longues semaines avant de pouvoir aller voir le corps de la victime, entreposé à l'institut médico-légal le temps de l'enquête. Là encore, Gabriel et Francis accompagnent Florence, qui ne trouve pas le courage de le voir la première fois, malgré la bienveillance du médecin légiste, qui tente de la rassurer. « Je suis entré dans la pièce avec la sœur de Roland. Le médecin légiste nous a dit qu'elle ne nous montrerait qu'une partie de son corps, surtout pour l'identifier, car l'autre partie était abîmée », explique Gabriel. La dépouille de Roland est posée sur une table, entourée d'une vitre qui empêche de le toucher. « On l'a vu quelques instants, on l'a reconnu puis on est partis. » Lorsqu'il le revoit une deuxième fois avant son rapatriement, soit des semaines après le décès, Roland est difficilement reconnaissable. « Après l'avoir vu là-bas, je n'ai pas pu fermer l'œil de la nuit pendant des semaines », admet Francis. Gabriel n'était pas prêt, confie-t-il, à vivre une telle épreuve. « Mais je tenais à le voir de mes propres yeux, pour réaliser que ce n'était pas un mauvais rêve. C'est quand même étonnant qu'il quitte la maison le matin et le soir venu, on ne le voit plus. Terminé, d'un coup. C'est très brutal », fait remarquer le jeune homme, qui n'était que depuis trois mois en France.

Lundi soir, soit la veille du drame, il se souvient avoir partagé le dîner à ses côtés et discuté de tout et de rien. « C'est lui qui avait cuisiné, sourit Sabine. Un plat en sauce avec du riz. On a discuté mais il ne s'est pas attardé car il devait se lever tôt le lendemain matin pour travailler. » Roland s'est endormi avec ses écouteurs dans les oreilles ; et c'est Florence, qui lorsqu'elle l'a rejoint au lit plus tard dans la soirée, les lui a retirés et a enclenché son réveil sur son smartphone. Toutes mes tentatives pour la rencontrer ont échoué. Accompagnée par une assistante sociale après le décès de son conjoint, Florence obtient un logement temporaire dans le Ve arrondissement peu avant l'été 2023, et reprend petit à petit son travail à Château-Rouge, dans le XVIIIe arrondissement. La jeune femme ne s'est pas encore remise du décès brutal de son compagnon. Le corps est rapatrié en Côte d'Ivoire le jour de son anniversaire, en juin 2023, mais elle ne peut assister aux funérailles faute de papiers lui permettant de voyager. « Ça a été très difficile pour moi de ne pas y aller », susurre Francis, qui a pris conscience du décès de son ami le jour où le corps a enfin été placé dans un cercueil, puis dans un corbillard en vue de son rapatriement. « À ce moment-là, j'ai eu le sentiment de lui dire au revoir. Je me suis senti libéré et j'ai enfin pleuré. »

Sur son smartphone, il visionne la vidéo de son enterrement en Côte d'Ivoire, que Florence lui a envoyée. On y voit la sœur de Roland, vêtue d'une tenue traditionnelle, face à la sépulture floquée d'une croix. Il se jure d'aller se recueillir sur sa tombe un jour, dès lors qu'il aura les papiers qui lui permettront de voyager. Il fait aussi défiler quelques photos de son ami. Le visage rond et le regard malicieux, Roland était un grand gaillard, « costaud », toujours coiffé de tresses africaines. Quelques semaines avant notre rencontre, le téléphone de Francis a glissé de sa poche dans les transports en commun, il contenait toutes ses photos avec son ami. « J'ai tout perdu », sanglote-t-il. Le 22 juillet dernier, une veillée est organisée par les amis de Roland en son hommage, à Vitry-sur-Seine. C'est ici que l'homme aimait jouer au foot et participait à des matchs entre amis chaque dimanche. Francis parle encore de lui au présent. « Bro » est le surnom qu'il aimait lui donner : Roland était comme son grand frère, il partageait tout avec lui. « On s'appelait tous les jours. Si j'avais besoin de quoi que ce soit, je savais qu'il serait là pour moi. Il avait le cœur sur la main. » Mais aujourd'hui, Roland nous a quittés. L'homme « s'est donné à fond pour ce travail et c'est ça qui l'a tué ». Tout le monde doit partir un jour, mais pas de cette manière, martèle le trentenaire. « Il est parti et tout le monde s'en fout, plus personne ne parle de lui. Ça m'a fait tellement mal que personne ne parle de lui. »

Tous ces drames, toute cette précarité à la fois financière et administrative n'auraient pas lieu d'être si l'on permettait à ces personnes privées de statut, et donc de papiers, de vivre dignement sur notre territoire. Il n'y aurait pas de travailleurs sans papiers sans les entreprises et les particuliers qui les emploient, de manière illégale, et profitent bien souvent de leur vulnérabilité. Agent d'entretien dans les trains SNCF, Moussa revoit encore l'homme qui l'a approché alors qu'il était assis sur les marches d'entrée du foyer où il vivait, à Denfert-Rochereau. Un restaurateur venu tout droit de la Défense pour recruter l'un d'eux pour la plonge. « Il m'a vu et m'a interpellé alors que j'étais sur mon téléphone. Il m'a demandé si je connaissais quelqu'un pour la plonge dans son restaurant. » Le jeune Malien, qui était arrivé peu avant en France, répond immédiatement qu'il peut se rendre disponible. « Mais il m'a répondu que je ne pourrais pas le faire, en rigolant. Il recherchait quelqu'un avec de l'expérience. » Moussa parvient à le convaincre, puis est formé durant trois jours au restaurant. Il n'est ni déclaré ni payé pour ces journées d'essai. « Il a dit qu'il me paierait tout d'un coup, plus tard, s'il me gardait. On était deux sans-papiers à la plonge. Ces gens-là aiment les petits nouveaux, pour profiter de la situation. » À la fin du mois, Moussa a touché 900 euros, en liquide, sans qu'il sache vraiment comment cette somme a été calculée. « Même pas un Smic, mais je ne me suis pas plaint. Quand tu es en situation irrégulière, ça ne sert à rien de se plaindre. Ce sont eux qui ont le pouvoir », lâche-t-il à propos des patrons. Pour lui, c'est de « l'esclavage moderne ». De la restauration, Sara, la travailleuse vénézuélienne, garde un souvenir plutôt amer. Elle évoque une expérience pour le moins désagréable, dans un restaurant situé au cœur de la capitale, dans le quartier touristique de Saint-Michel. « J'ai travaillé chez eux et à la fin de la journée, ils ont refusé de me payer. Comme ça, sans raison », précise-t-elle, la fierté en berne. « Mais c'est comme ça qu'on apprend. »

Sara dit s'être sentie humiliée et découragée. Mais en rentrant à son domicile, elle n'a rien laissé paraître à son fils, refusant de se « montrer faible » alors qu'il la perçoit comme un modèle. Beaucoup de gens profitent d'« eux », les sans-papiers. L'épisode qui l'a le plus blessée reste celui du harcèlement sexuel que lui a infligé un particulier chez qui elle faisait des ménages. « Je travaillais chez un couple et un jour, alors que j'allais partir, l'homme m'a demandé si je voulais gagner plus d'argent. Je ne parlais pas bien français, je pensais qu'il voulait me proposer plus d'heures ou qu'il voulait me recommander à quelqu'un. » À l'époque, Sara dit oui à tout, déterminée à travailler pour s'en sortir. Mais l'homme lui réclame en fait des massages à caractère sexuel. « Il s'est mis à me harceler par SMS. J'ai compris qu'il avait des arrière-pensées malsaines. Je n'y suis plus retournée ensuite. »

Chez les particuliers, Sabine dit avoir été exploitée et « maltraitée » durant deux ans, alors qu'elle s'occupait d'une dame âgée. « C'était au noir, j'étais payée 800 euros par mois et je travaillais du vendredi au lundi, jour et nuit », détaille-t-elle. En y repensant, elle devient légèrement nerveuse, accélère le rythme de son récit. « Je ne dormais pas la nuit car il fallait s'occuper d'elle. Au bout d'un moment, j'en suis devenue malade. » Épuisée, Sabine tire la sonnette d'alarme auprès de ses employeurs et réclame quelques jours de repos, le temps de « récupérer » de sa fatigue. « Ils ne voulaient pas s'embêter à me trouver une remplaçante, ils n'ont rien voulu savoir. C'était soit je restais, soit je partais et je ne revenais plus, donc je perdais mon boulot. » Sabine choisit de privilégier sa santé avant tout. La famille la renvoie et lui cherche une remplaçante, en vain. « Ils ont fini par me rappeler et me supplier de revenir car ils n'avaient trouvé personne. Mais j'ai refusé. »

Dans le Lot-et-Garonne, département très agricole, de nombreuses exploitations ne pourraient fonctionner sans le travail des ouvriers sans papiers comme Abdel. Après leurs mésaventures avec un premier employeur, dans les environs d'Agen, lui et ses amis sont partis pour le Gers. De toute façon, se résout-il, le patron lui-même ne voulait plus les faire travailler à partir du moment où ils ont réclamé un Smic, des fiches de paie et une habitation plus « digne ». Dans la commune d'Eauze, ils parviennent à sous-louer un logement à un couple de Marocains. Le logement n'est prévu que pour deux personnes, ils sont six. Là, ils tentent de se rapprocher de la communauté maghrébine de la région, expliquant avoir besoin de travailler. « Plusieurs personnes nous ont proposé d'aller travailler sur des champs agricoles. Ils recherchaient du monde, un peu comme des rabatteurs », relate Abdel. Mais les ouvriers sont alors livrés au bon vouloir de l'employeur. Selon le lieu de la récolte, ils doivent régulièrement se lever à trois heures et demie du matin pour faire un trajet d'une heure ou deux, et commencer leur journée de travail à 6 heures. À 10 heures, ils ont droit à une courte pause, puis une autre à midi pour le déjeuner. C'est à eux d'apporter leur repas et leur eau pour la journée. « On est supposés finir à 16 ou 17 heures, mais on pousse souvent jusqu'à 18 ou 19 heures le soir. Sans compter les temps de trajet, on est à dix, voire douze heures de travail par jour », comptabilise-t-il, évoquant une énorme fatigue.

Le jeune homme décrit la chaleur écrasante qui les assaille lorsqu'ils s'agenouillent au pied des plantations, le rythme infernal de la récolte des fruits et légumes, les incessantes remontrances du patron qui veut à tout prix tenir les délais. Le dernier patron à les avoir embauchés, à l'été 2023, leur a affirmé qu'il les déclarerait. Ils ignorent s'ils peuvent le croire. Dans ce secteur, peu nombreux sont ceux qui « aiment » déclarer leurs travailleurs. Quoi qu'il en soit, Abdel et ses amis n'ont pas le choix. Impossible de retourner au Maroc en l'état, car ils sont loin d'avoir rentabilisé la somme importante déboursée pour pouvoir venir en France. « On est endettés, nos proches ne comprendraient pas qu'on rentre au pays sans avoir gagné suffisamment d'argent », souffle Abdel, dont la femme et le fils, âgé de cinq ans, l'attendent au Maroc. Un Marocain rencontré sur place leur a proposé d'aller travailler à cinq cents kilomètres de là, après Montauban, pour la récolte des pommes. Un hébergement leur serait proposé et ils toucheraient dix euros de l'heure. Mais comment y croire, après tout ce qu'ils ont traversé ?

Des journées interminables de travail, Eldhose, le cuisinier sans papiers de Caen, en a supporté durant des mois, alors qu'il vivait encore à Sarcelles, en banlieue parisienne. À l'époque, ses amis issus de la communauté indienne lui proposent régulièrement des missions à la journée, parfois dans le BTP, parfois dans le nettoyage. « Bien sûr, j'acceptais. J'avais déjà de la chance qu'ils me fassent travailler avec eux. » Cela se passe ainsi le plus souvent, un travailleur sans papiers a déjà le contact d'un employeur, qui le sollicite lorsqu'il a besoin de main-d'œuvre, et celui-ci peut alors « recommander » des amis à lui. « Je partais à 7 heures du matin et je rentrais à 21 heures ou 22 heures le soir. C'était pénible, je rentrais très fatigué. Et c'était payé entre quarante et cinquante euros par jour. » En d'autres termes, à raison de douze heures travaillées, Eldhose était rémunéré entre trois et quatre euros de l'heure. Une aubaine pour l'employeur, qui en plus de cette modique somme, ne paie aucune cotisation sociale pour ces travailleurs de l'ombre. Un jour, l'homme prenait le RER en direction de Melun – une heure trente minutes de trajet en transports – pour rejoindre le chantier d'un immeuble en construction. Le suivant, il nettoyait le parc des expositions de Paris-Le Bourget une fois les salons achevés. Impossible de se souvenir du nom de l'entreprise qui l'exploitait. Eldhose ne l'a peut-être jamais eu. Mais il sait que de nombreux sans-papiers travaillaient à ses côtés. « Ça, c'était payé six euros de l'heure. On travaillait entre cinq et dix heures. »

Un soir, il termine si tard que plus aucun RER ne circule. « Il devait être 1 heure du matin. J'ai dû marcher une heure et demie pour rentrer chez moi. » Et son épouse Elgi d'ajouter : « J'étais tellement inquiète de ne pas le voir rentrer, j'ai cru qu'il lui était arrivé quelque chose. » Moussa dénonce un système « hypocrite », qui laisse les pleins pouvoirs aux employeurs au détriment des travailleurs. De nombreux sans-papiers travaillent dans l'entreprise qui l'embauche aujourd'hui pour l'entretien des trains SNCF. Il le sait, ses collègues le savent, l'agence intérim le sait et la SNCF le sait. En leur âme et conscience, assure-t-il, ceux qui l'emploient savent que seuls les sans-papiers accepteront d'accomplir certaines tâches ingrates. Comme cette fois où, alors que le train arrivait à destination, une voyageuse a laissé son chien déféquer par terre et n'a même pas pris la peine de nettoyer avant de descendre sur le quai. « Le contrôleur m'a dit que c'était mon boulot et que je devais nettoyer », raconte Moussa.

« Les grands groupes et les sous-traitants savent qu'on est là mais ils ferment les yeux. Tant qu'ils ont besoin de toi et tant que tu ne te plains pas pour réclamer tes droits, ils te font travailler. » Yao, employé polyvalent d'un magasin Super U de L'Isle-sur-la-Sorgue, dit avoir travaillé durant quatre mois dans un restaurant McDonald's pour y faire le nettoyage des machines de nuit. « J'avais été embauché par une entreprise extérieure. Je commençais à minuit et finissait vers 5 heures du matin. » Au début de leurs tractations, l'entreprise refuse de lui faire signer un contrat. Le Togolais insiste, conscient que pour apporter toutes les preuves de son insertion professionnelle, le contrat de travail et les fiches de paie sont indispensables. Il parvient à les convaincre car sa banque réclame un justificatif pour le virement versé sur son compte bancaire, correspondant à son premier salaire. « Ils ont fini par me faire un faux contrat, en indiquant un salaire bidon. » L'homme pointe des employeurs malhonnêtes et dit avoir été rémunéré

1 200 euros par mois au lieu des 1 900 euros mentionnés sur le contrat qu'il a signé. À la fin de la mission, son responsable déchire le contrat sous ses yeux, lui expliquant qu'il n'avait tout simplement « pas de valeur ».

Les personnes sans papiers ne dépendent pas seulement des entreprises ou des intermédiaires qui les embauchent. Celles et ceux qui prêtent leur identité, dans le cas du travail sous Alias, participent de cet immense marché de l'exploitation des plus précaires, alors qu'ils sont souvent eux-mêmes issus de l'immigration. Chaque mois, Sabine voit 300 euros ponctionnés de sa paie. C'est le prix à payer à son « amie » qui l'autorise à utiliser sa carte de séjour dans le cadre de son travail en tant qu'aide à domicile. « Le salaire n'est même pas viré sur mon compte mais sur le sien, puisqu'il s'agit de son identité. » Sa part lui est toujours reversée en espèces, pour ne pas laisser de traces. Durant les premiers mois, le tarif était fixé à 200 euros. Il a très vite été augmenté. Elle touche en moyenne entre 1 300 et 1 500 euros par mois, auxquels il faut donc retirer la « commission » que s'octroie son « amie ».

La situation est frustrante pour Sabine, qui doit déjà vivre avec le fait qu'elle cotise pour son « amie » et non pour elle-même. Lorsqu'elle a été embauchée en CDI auprès de son entreprise après des mois d'intérim, elle a également souscrit à une mutuelle, toujours au nom de cette tierce personne. Depuis quelques mois, cette relation de dépendance l'affecte. « Ce n'est pas facile, vraiment », me souffle-t-elle, presque dans un murmure, les sourcils froncés. Elle me dit avoir le courage de travailler, mais elle regrette tant de ne pas avoir les « papiers » pour le faire sereinement. « Au début, elle me payait bien. Mais après quelques mois, elle a commencé à me payer en retard. » Alors que son salaire est versé le huit du mois sur le compte bancaire de son alias, celle-ci lui reverse l'argent le 20 ou le 25 du mois. « Comment je fais, moi, alors que j'ai le loyer à payer, des enfants à nourrir ? » interroge-t-elle, minée par la situation.

L'alias est allée encore plus loin, et s'est mise à lui reverser le salaire par « petits morceaux » : un jour 200 euros, un autre 150 euros… Sabine n'en dort plus la nuit. Elle estime n'avoir pas le droit de se plaindre sachant que de nombreuses personnes, comme elle, ne récupèrent tout simplement jamais leur salaire. « C'est arrivé à une amie à moi cette année. Elle a emprunté le document d'une autre, a travaillé pendant deux mois, et n'a jamais été payée. » Plus de 3 000 euros envolés ; et des heures de travail dépensées pour le compte d'une autre. Elle n'a pas porté plainte. Après des mois de silence, Sabine s'est décidée à en parler à son « amie ». « J'en avais gros sur le cœur, je lui ai demandé si elle trouvait cette situation juste. Je travaille toute la journée et je me fatigue. Elle me prête son titre et je lui donne sa part de mon salaire. Je t'arrange, tu m'arranges, mais il ne faut pas exagérer, hein. » Sabine a pleuré, son alias s'est excusée, se justifiant par des problèmes d'argent. La première a reçu sa paie correctement le mois suivant. Elle ne sait pas si elle peut lui faire confiance de nouveau mais n'a pas le choix. Elle aimerait également lui demander, à terme, de se présenter à ses côtés devant les services de la préfecture pour faire la « concordance », cette procédure permettant aux sans-papiers travaillant sous alias de demander à être régularisés, et qui nécessite de présenter un maximum de preuves de sa présence en France et de son insertion professionnelle. Mais Sabine dispose seulement, en septembre 2023, de dix fiches de paie alors qu'elle travaille pour la même entreprise depuis deux ans. « Elle a gardé toutes les premières fiches de paie, je n'ose pas les lui demander. J'ai peur qu'elle refuse aussi de m'accompagner à la préfecture et qu'elle ait peur de perdre sa carte de séjour à cause de moi si elle avoue m'avoir prêté son document d'identité. »

Sabine vit aussi dans la crainte que son entreprise apprenne la vérité. Elle se souvient de ce jour où elle a oublié son téléphone personnel, au dos duquel étaient rangées sa carte bleue et sa carte de transports, et où l'administration lui a téléphoné. « Ils ont appelé sur mon numéro et ont vu que ça sonnait, ils ont donc compris qu'il m'appartenait. Ils m'ont ensuite appelée sur le téléphone professionnel pour me prévenir et se sont étonnés du nom qui figurait sur mes cartes. » Revenue sur place, dans les bureaux, Sabine doit affronter le regard de tous ses collaborateurs. Elle ne tient plus sur ses jambes, tant le stress l'envahit. Elle prétexte alors avoir pris par mégarde les cartes de sa sœur, qu'elle dit avoir reçue à son domicile la veille. Elle ignore si sa version a convaincu ou non. L'Ivoirienne sait que son entreprise ne badine pas avec ce type de pratiques. Plusieurs personnes auraient déjà été licenciées pour ce motif selon elle.

Désormais, le travail sous alias est monnaie courante dans les secteurs du nettoyage, du soin, de la restauration ou de la sécurité. « Les employeurs voient dès le départ que les papiers que tu donnes ne t'appartiennent pas, mais ils t'embauchent quand même. Le jour où tu commences à t'exprimer et à te défendre, là, ils font semblant de découvrir que tu bosses sous alias et ils te virent. » Le même schéma se présente lorsqu'un travailleur reconnaît avoir travaillé sous alias et demande à l'entreprise le fameux document Cerfa permettant de déposer une demande de régularisation en préfecture. Si certains employeurs finissent par fournir ce document, notamment dans le cadre de grands conflits sociaux soutenus par les syndicats, ces travailleurs de l'ombre restent trop souvent relégués à une simple « variable d'ajustement », estime Marilyne Poulain, ex-membre de la direction confédérale CGT et pilote du collectif travailleurs migrants du syndicat.

Lorsque je la contacte fin 2020, l'actualité est marquée par le projet de loi relatif à la sécurité globale, dont un volet vise à mieux « contrôler » le secteur de la sécurité privée, notamment en prévision de la Coupe du monde de rugby en 2023 et des Jeux olympiques accueillis par la Ville de Paris en 2024. Le texte, voté au printemps 2021, permet désormais aux agents de la police municipale retraités de cumuler leur retraite avec une activité liée à la sécurité privée. Mais ce n'est pas tout : dans un objectif d'encadrement de la « sous-traitance en cascade » qui caractérise ce secteur, il impose également aux agents de sécurité privée étrangers d'avoir une certaine maîtrise de la langue française et de détenir un titre de séjour depuis au moins cinq ans. Autant de bâtons dans les roues des travailleurs sous alias, nombreux dans le secteur. « Ils veulent limiter, voire stopper la sous-traitance dans la sécurité privée, mais c'est quasiment impossible. Rien que pour l'événementiel, toutes les boîtes font appel à des entreprises intérim pour le recrutement des agents. Personne en dehors des sans-papiers ne va accepter de travailler toute la journée debout, de 8 heures du matin jusqu'à 20 heures le soir », souligne le représentant d'un collectif de sans-papiers, ayant lui-même travaillé durant dix ans dans ce secteur sous alias.

La seule solution, selon lui, est de régulariser ces travailleurs. « Mais politiquement, le gouvernement se refuse à le faire. » Il se souvient avoir travaillé, durant la crise sanitaire liée au Covid-19, dans un Ehpad où il assurait la sécurité aux côtés de deux collègues. « Ils ont été contaminés tous les deux. On travaillait très dur, beaucoup partaient en vacances et ne revenaient plus. » De 7 heures du matin à 20 heures le soir, il assure la sécurité, mais aussi l'accueil en début et en fin de journée lorsque les employés ne sont pas ou plus présents. « Je distribuais aussi les masques aux personnels soignants. On m'avait promis une prime de mille euros qu'on ne m'a finalement jamais donnée. » Il a perdu cet emploi brutalement à l'été 2020, après que le sous-traitant l'ayant embauché a découvert qu'il travaillait sous alias. « C'est très hypocrite car tout le monde sait qu'on est sans-papiers. Combien de sous-traitants m'ont proposé eux-mêmes d'utiliser les papiers et la carte professionnelle d'un autre ? Combien font appel aux sans-papiers pour remplacer les employés en congés quand ils n'ont pas le choix ? »

Pour Marilyne Poulain, « il y a une non-volonté de prendre en compte ces travailleurs ». La logique de l'État vise à durcir encore plus leurs conditions de travail et d'existence, pour arriver à une étatisation de la sécurité privée. Le sous-texte, dans le contexte particulier des attentats, est aussi de dire qu'il faut éviter à tout prix un acte terroriste commis par un travailleur sans papiers embauché dans la sécurité privée, poursuit-elle. « Il y a une crainte énorme sur ce sujet. » Résultat, on pénalise, encore et toujours, les travailleurs sous alias ; à l'instar de la loi « Collomb » de 2018, sans réellement trouver de solutions concrètes et justes à l'endroit des sans-papiers.

« Les préfectures pointent de plus en plus du doigt cette réalité, ces personnes qui utilisent le nom et le titre de séjour d'un tiers avec son consentement, mais ne cotisent pas pour elles-mêmes, et finissent par demander un jour une concordance dans l'espoir d'être régularisées », décrit Marilyne Poulain. À ses yeux, cette pénalisation du phénomène entraîne de plus en plus de sans-papiers à se replier sur l'usage de fausses cartes de séjour pour pouvoir travailler légalement, en contribuant au système de solidarité. « Mais au final, cela reste basé sur un système d'hypocrisie totale : soit cela crée du travail dissimulé, soit cela pousse à l'usage de faux titres. C'est complètement contre-productif. » Dans le premier cas, les travailleurs cotisent au nom de quelqu'un d'autre et ne peuvent bénéficier du système de sécurité sociale en retour. Dans le second, c'est un manque à gagner pour les caisses de l'État. « On est bien loin d'un modèle vertueux », ironise celle qui a depuis été nommée préfète à l'égalité des chances dans le Bas-Rhin, en août 2023.

Qu'il s'agisse de la sécurité privée, du nettoyage ou du BTP, le travail sous alias arrange donc beaucoup d'entreprises, qui savent parfaitement ce qu'elles font en embauchant de la main-d'œuvre dite irrégulière. « On parle d'un nombre d'emplois qui n'est pas à la marge, bien que l'on ne puisse pas avoir de chiffres. » Elle se souvient de ce chef de chantier pour la RATP à la station Châtelet-les-Halles au cœur de Paris, géré par l'entreprise Vinci et qui employait de nombreux Kurdes sans papiers, ayant déclaré au détour d'une phrase, l'air de rien : « Vous comprenez, avec ces moustaches, on ne sait plus vraiment les reconnaître. » Fin 2022, quelques premiers articles dans la presse – *Le Monde* et *Libération* notamment – révèlent que les chantiers visant à préparer les Jeux olympiques 2024 tournent en partie grâce aux ouvriers sans papiers. L'un d'eux, pourtant photographié en « anonyme » (sans que son visage apparaisse), a été licencié après avoir témoigné de ses conditions de travail et de sa situation administrative. C'est aussi cela que d'être sans-papiers : risquer de perdre son emploi, et donc tout moyen de subsistance, pour s'être simplement exprimé publiquement.

Près d'un an plus tard, en septembre 2023, les membres de la coordination des sans-papiers de Paris (CSP75) organisent des tractages aux abords des chantiers et lieux de vie de ces mêmes travailleurs, en vue de les sensibiliser et de leur expliquer leurs droits. « Aujourd'hui, on est allés tracter au niveau du métro Carrefour-Pleyel, à la ligne 13, puis au niveau des habitations qui se trouvent près du futur village des athlètes. Beaucoup de sans-papiers travaillent sur ce chantier », raconte Moussa, qui fait partie des bénévoles actifs de la CSP75 et a participé à cette action de sensibilisation organisée conjointement avec le collectif « Gilets noirs » et la Confédération nationale du travail, mercredi 20 septembre. Le tract est éloquent : « Contre l'exploitation, autodéfense immigrée des travailleurs avec ou sans papiers ». « On a attendu les ouvriers à la sortie du chantier du futur village des athlètes. Malgré leurs craintes, beaucoup ont reconnu leur situation administrative. » Certains travaillent sous alias, certains avec un faux titre italien ou belge, d'autres enfin au noir.

« La plupart nous ont dit qu'ils ne voulaient pas avoir de problèmes et qu'ils avaient peur, en s'éternisant avec nous, de perdre leur travail », raconte Moussa. Tous les ouvriers se sont vu proposer de venir aux réunions d'information organisées chaque vendredi, place de la République à Paris, où les personnes victimes d'exploitation (mais pas que) peuvent venir se confier en toute confidentialité et être informées de leurs droits. Premier secrétaire du Parti socialiste (PS) et député de Seine-et-Marne, Olivier Faure évoque un « marché de l'exploitation » qui se contente parfaitement de la situation actuelle. « Mon ex-boulangère est par exemple en situation irrégulière. Elle vient de changer de boulot, parce qu'en réalité il y a évidemment un marché de l'exploitation qui fonctionne très bien. » On est, résume Marilyne Poulain, dans la « déshumanisation totale ». « On réduit des êtres humains à une simple force de travail. On les exploite dans des métiers dits pénibles, c'est-à-dire difficiles, dangereux et dégueulasses (les trois D), qui ont du mal à être pourvus aujourd'hui et le sont donc par la main-d'œuvre étrangère, sans titre de séjour. » Mais, au lieu de leur permettre d'accéder à la régularisation, de leur permettre d'obtenir un contrat de travail et de les protéger comme n'importe quel salarié, on les laisse « à la merci de patrons voyous ».

CHAPITRE 3

« Sans-papiers »

Lorsque l'on travaille exclusivement sur les migrations, il y a des parcours et des situations que l'on ne peut ignorer. On connaît la distinction entre les notions de « migrants » – ce terme largement instrumentalisé qui souffre aujourd'hui d'une connotation péjorative, et dont on ignore qu'il concerne beaucoup de Blancs –, et celles de « demandeurs d'asile » ou de « réfugiés ». On parle également d'« immigrés » qui, dans la définition donnée par l'Insee, incluent aussi bien les personnes étrangères résidant en France que les personnes naturalisées, ayant donc obtenu la nationalité française. C'est comme si l'on ouvrait des cases pour y ranger chaque catégorie. À celles déjà citées s'ajoute celle des « sans-papiers », que les autorités qualifient d'« ESI », pour « Étrangers en situation irrégulière ». Ceux qui se positionnent contre l'immigration et les étrangers aiment parler d'« illégaux » ou de « clandestins » : une façon pour eux de prendre de la distance avec des personnes tout à fait respectables et de décider de qui a le droit ou non de se trouver sur le territoire français.

« Breton, je reste en Bretagne », m'a dit un jour un homme qui dénigrait le phénomène des migrations dans son ensemble sur le réseau social Twitter, désormais appelé « X ». Et d'ajouter : « Au pire, je m'aventure à visiter à l'extérieur mais pas pour imposer binious et bombardes et en m'assurant du billet retour. » Quoi de plus normal lorsque notre pays n'est pas en guerre, lorsque l'on ne souffre pas d'être persécuté en raison de son ethnie, sa religion, son genre ou ses préférences sexuelles ; lorsque l'on n'a pas à fuir les conséquences du dérèglement climatique ou que l'on ne vit pas dans la misère la plus totale ?

Depuis des décennies, les sans-papiers sont diabolisés et servent de justification à tous nos maux. L'extrême droite et la droite conservatrice ont été les premières à se saisir du sujet. Les personnes « solidaires des exilés » se sont longtemps organisées pour leur venir en aide et les accompagner dans leurs tracas quotidiens et leurs démarches administratives ou judiciaires, comme les associations d'aide aux étrangers telles que la Cimade ou le Gisti. Au fil du temps, des collectifs réunissant les principaux concernés se sont constitués un peu partout en France (nous y reviendrons plus tard dans ce livre).

La France compterait, selon les estimations basées sur les bénéficiaires de l'aide médicale d'État (AME), qui permet de couvrir certains soins des personnes en situation dite irrégulière présentes depuis au moins trois mois sur le territoire, près de 700 000 sans-papiers. Un calcul qui se base sur le nombre effectif de bénéficiaires de l'AME (soit environ 380 000) auquel s'ajoute la proportion de personnes éligibles qui n'y ont pas recours (50 %). Gérald Darmanin a repris ce chiffre, en novembre 2021, les situant entre 600 et 700 000. Mais en réalité, la notion de « sans-papiers » s'avère être assez fourre-tout et recouvre des situations toutes plus différentes et complexes les unes que les autres. Il peut s'agir de personnes entrées sur le territoire sans en avoir l'autorisation – autrement dit, sans détenir un visa d'entrée –, avec les objectifs qu'elles se sont fixés : trouver refuge quelque part, rejoindre un proche, travailler pour subvenir aux besoins de sa famille, obtenir des soins adéquats, vivre une vie meilleure. Il y a celles entrées sur le territoire avec un visa (touriste, étudiant...) et qui sont restées une fois la validité de celui-ci expirée. Dans le dialecte maghrébin, ce phénomène est surnommé « harraga », pour « brûler » son visa. Il y a celles entrées sur le territoire avec la volonté d'y demander l'asile – une protection internationale dont les contours sont définis par la Convention de Genève relative aux réfugiés –, sans pouvoir finalement l'obtenir. Déboutées en première instance par l'Office français de protection des réfugiés et apatrides (Ofpra), puis par la Cour nationale du droit d'asile (CNDA), chargée d'examiner les recours formulés après un premier rejet de la demande, ces personnes se retrouvent le plus souvent en irrégularité en France. Et il y a celles qui, en situation régulière sur le territoire, se retrouvent sans-papiers du jour au lendemain, à cause de l'administration française. Les permanences d'accès au droit, organisées par les associations d'aide aux étrangers, en voient passer chaque jour, constatant combien la lenteur des procédures, la dématérialisation des démarches, le manque de moyens humains en préfecture ou encore l'examen parfois bâclé de certains dossiers peuvent tout faire basculer pour des personnes pourtant « en règle » sur le territoire.

« De tous mes projets, confie Sara, le plus important est d'avoir une carte de séjour. Sinon, on est juste invisibles. » Cette phrase résume à elle seule la situation des sans-papiers en France, quels que soient leur parcours, leur milieu professionnel ou leur rapport à l'administration. À 34 ans, cette Vénézuélienne est employée de maison auprès de personnes âgées et nounou en banlieue parisienne. Amatrice de vélo et de course à pied, elle rêve secrètement de devenir coach sportive, de suivre une formation pour y parvenir, et de passer son permis moto. « J'aimerais aussi valider toutes mes années de travail en tant qu'auxiliaire de vie, parce qu'après tout, j'ai travaillé et j'aimerais que ce soit valorisé. » Au cours des dernières années, de nombreux Vénézuéliens ont fui leur pays, ravagé par une crise politique et socioéconomique majeure. Beaucoup ont trouvé refuge dans les pays voisins, comme la Colombie et le Panama, pays d'accueil pour des millions de ressortissants vénézuéliens. Sur les campements d'exilés à Paris, on observe depuis 2020 des familles originaires de ce pays, qui déposent ou non une demande d'asile et n'obtiennent pas toujours un hébergement d'urgence. Selon les chiffres de l'Ofpra, 911 demandes d'asile ont été enregistrées en France en 2022, contre 453 en 2021 et 410 en 2020. Un premier pic avait été observé en 2019, avec 901 demandes déposées par des ressortissants vénézuéliens cette année-là, soit trois fois plus qu'en 2017 (il y en avait 505 en 2018, 288 en 2017). À l'échelle européenne, près de 30 000 demandes d'asile ont été enregistrées en 2020, dont une majorité en Espagne, notamment parce qu'il n'y a pas de barrière de la langue et qu'une communauté vénézuélienne y est déjà implantée.

Sara n'a pas souhaité s'établir là-bas. « J'avais déjà ma mère et mes deux sœurs en France. Je voulais les rejoindre, tout simplement. » La jeune femme est arrivée le 18 septembre 2017 sans visa, avec une « lettre d'invitation » de sa sœur et une attestation d'hébergement, comme cela est permis pour les ressortissants vénézuéliens. Elle pouvait alors séjourner en France durant 90 jours maximum. Mais elle est restée. « Mon objectif était de m'installer ici, puis de régulariser ma situation comme l'ont fait mes proches. Je suis la dernière de la famille à avoir migré et je suis la dernière à être en situation irrégulière », précise-t-elle, ajoutant que pour elle, ce ne sera probablement pas aussi simple car l'administration a « un peu compliqué les choses » depuis. Elle dit avoir besoin des « papiers » pour se sentir libre, ne plus avoir le sentiment d'être « coincée ». Être sans-papiers – elle utilise souvent le terme d'« immigrant illégal », une traduction de l'espagnol – se résume selon elle à avoir une laisse qui l'empêche systématiquement d'aller de l'avant : « À chaque fois que je veux avancer, je me rends compte qu'à un moment donné, je suis limitée. »

Pour Yao, employé polyvalent d'un Super U situé près d'Avignon, dans le Vaucluse, il s'agit d'abord de conserver sa dignité. « Pour que je puisse marcher la tête haute, il me faut un titre de séjour », me confie ce Togolais passionné de musique et de danse, qui a réussi à être embauché, en parallèle de ce job alimentaire, par une école de musique dans sa commune, où il donne des cours de djembé à des élèves adultes. Avant tout artiste, Yao a écumé tous les jobs difficiles que l'on attribue bien souvent aux personnes en situation dite « irrégulière ». Employé dans un Intermarché, agent d'entretien de nuit dans un restaurant Mc Donald's, jardinier chez des particuliers, agriculture et vendanges, ouvrier dans le secteur du bâtiment et des travaux publics (BTP)… Il a tout tenté, dit-il, pour prouver sa détermination à rester en France et sa motivation à travailler, peu importe le secteur. « Mais c'est vraiment difficile, quand on est sans-papiers », conclut-il. Cette précarité administrative le ronge à petit feu.

Yao a rencontré une femme, française, avec qui il s'est pacsé. Elle est agricultrice, elle l'a d'ailleurs sollicité pour s'occuper de ses champs. Tous deux vivent ensemble aujourd'hui mais elle craint le jour où il obtiendra ses papiers, persuadée qu'il la quittera immédiatement ensuite. « La relation n'est pas simple parce que j'ai l'impression de dépendre d'elle. C'est un sentiment désagréable. » Il est sincère, il le jure. Mais son ressenti le renvoie systématiquement à sa situation de « sans-papiers ».

« J'ai basculé dans l'irrégularité après que ma demande d'asile a été rejetée », raconte Sabine, l'aide à domicile auprès de personnes âgées ou dépendantes à Paris. Depuis, elle survit. Les cheveux ramassés en un gros chignon rangé sur le côté, le regard vif, elle se décide à me confier enfin sa propre réalité, après avoir mis plusieurs mois à se dévoiler. Lorsque j'entre en contact avec elle pour la première fois, elle n'ose admettre qu'elle est sans-papiers, mais propose de me mettre en relation avec l'une de ses « sœurs » (une amie très proche), venue elle aussi de Côte d'Ivoire, qui travaille en tant qu'aide à domicile également. Après plusieurs rendez-vous manqués, nous comprenons que son amie préfère finalement ne pas témoigner. Inutile de la forcer. « Ce n'est pas grave », finit par murmurer Sabine lors de l'une de nos entrevues. « Ce n'est pas grave car je suis dans la même situation. Et je n'ai pas peur de te raconter. Je vais tout te dire. » Sa condition de sans-papiers l'a conduite, à ses débuts en France, à être exploitée par une famille qui souhaitait faire garder une dame âgée. Elle a depuis réussi à être embauchée par une entreprise spécialisée dans les soins à la personne. Début 2023, son fils l'a rejointe, parvenant à obtenir un visa touriste qu'il a laissé expirer. « Il est venu pour m'aider, il travaille depuis peu dans une boulangerie. » Elle et lui ont besoin d'envoyer de l'argent aux personnes qui prennent soin des enfants de Sabine, restés au pays. « J'aimerais tellement pouvoir les faire venir ici si j'arrive à régulariser ma situation. »

Depuis qu'il a rejoint la France, Moussa travaille. Tous les jours. Il a des fiches de paie, il prend les transports et assure ne pas frauder, il n'a jamais eu affaire à la police ou à la justice. En l'écoutant, je constate combien de plus en plus, les étrangers et les sans-papiers en particulier éprouvent le besoin de se justifier et de renvoyer une « bonne image » aux autres. Peur de l'amalgame. Peur d'être assimilés à des « voyous ». « Je n'en suis pas un », répète-t-il à plusieurs reprises. Je le rencontre un dimanche, durant sa pause, près de Denfert-Rochereau dans le XIVe arrondissement de la capitale. Il revient tout juste du travail, sa sacoche dédiée à la main, qui comporte tout son matériel : le matin même, il nettoyait les voitures d'un train appartenant à la SNCF, au milieu des voyageurs qui lui ont sans doute tendu leurs déchets sans imaginer une seconde les coulisses de sa situation administrative. Il y retournera ce soir. Avant d'être agent d'entretien, il travaillait un temps dans un restaurant où il faisait la plonge. Son patron savait qu'il n'avait pas de papiers. « Au tout début, j'ai postulé pour être magasinier dans un entrepôt, mais on a fini par me dire qu'il me fallait un titre de séjour. Là, j'ai compris que ça allait être un peu compliqué. » Il faut un titre de séjour « pour tout », constate-t-il aujourd'hui. Il l'ignorait avant de quitter sa région natale, Gao, au Mali. « Mais ce n'est pas grave, il faut se battre dans la vie. » Il ne se plaint pas, répète-t-il. Moussa fait ce qu'il peut tout « en restant dans le cadre de la loi ». S'il doit tricher un peu pour pouvoir travailler, c'est parce que le système le veut, estime le jeune homme. « L'État, les entreprises, tout le monde fait semblant. Alors nous aussi, on doit parfois faire semblant. »

La vie des sans-papiers se résume à devoir vivre cachés, à jouer de subterfuges pour pouvoir travailler, à devoir affronter des employeurs qui ne pensent qu'à les exploiter. Dans ce lot d'adversités, ils se raccrochent à l'espoir d'être un jour régularisés et de revoir leurs proches.

Une majorité de personnes sans papiers travaille en France, bien que cela ne soit pas autorisé. Le système le plus connu est celui du travail « au noir » (l'expression n'a, rappelle le ministère du Travail, du plein emploi et de l'insertion, aucune valeur juridique), qui peut être qualifié de travail « illégal » ou « dissimulé ». Ce système peut aussi bien concerner des travailleurs français qu'étrangers, et constitue selon le ministère un « ensemble de fraudes majeures à l'exercice d'une activité professionnelle et à l'emploi de salariés ». « Il contribue à la désorganisation de la société, favorise l'exclusion et la précarité, l'évasion fiscale et sociale, et l'enrichissement frauduleux des délinquants. » En clair, le travail au noir consiste à embaucher, pour un professionnel ou un particulier, une personne sans la déclarer aux autorités et aux différents organismes sociaux existant en France. Le travailleur ou la travailleuse est souvent payé « mano a mano », ou de la main à la main, autrement dit en espèces, afin de ne pas laisser de traces de la transaction et du travail effectué, dissimulé par l'employeur. Pour ce dernier, cette méthode permet de déroger à la réglementation du travail et de s'épargner les charges et cotisations sociales relatives à l'embauche d'un salarié lorsque celui-ci est déclaré. Dans bien des cas, elle lui permet aussi d'abuser de la vulnérabilité et de la précarité d'un travailleur qui n'a d'autre choix que d'accepter sa condition pour pouvoir subvenir à ses besoins et à ceux de ses proches.

« Nous, on fait ça parce qu'on n'a pas le choix », lâche Lamine sur le parking du magasin Leroy Merlin de Vitry-sur-Seine, dans le Val-de-Marne. Ici, une vingtaine d'hommes originaires d'Afrique subsaharienne font le pied de grue dans l'attente de se voir proposer une petite mission, la plupart du temps par des particuliers ou des artisans venus acheter du matériel de BTP. « Bien sûr, c'est au noir ; ils nous donnent un petit billet quand on porte pour eux un meuble lourd ou du matériel de chantier. » Lamine a investi depuis cette année dans une camionnette qui lui permet d'élargir son offre. En plus de porter des charges lourdes pour le compte d'autres personnes, il propose désormais le transport jusqu'à leur domicile ou jusqu'au lieu du chantier.

Dans le nord de la capitale, d'autres hommes attendent chaque jour au niveau d'un autre parking situé à Aubervilliers (Seine-Saint-Denis) dans l'espoir d'être choisis par des chefs de chantier qui les font travailler à la journée en tant qu'ouvriers. « On a de la chance si on est pris. Ils nous paient à la fin de la journée, environ cinquante ou soixante euros en espèces. On est habitués à tout ça, on n'a pas le choix », raconte Nourou, 23 ans, originaire de Côte d'Ivoire et membre du collectif Schaeffer, qui lutte depuis près de quatre ans pour faire reconnaître son droit à l'hébergement et a été expulsé de son lieu de vie à l'été 2023.

En tant qu'employée de maison, Sara a longtemps travaillé au noir, d'abord pour garder une dame âgée de 98 ans à son domicile, à raison de deux heures par jour, puis pour faire des ménages ou de la garde d'enfants chez des particuliers. « Les familles ne voulaient pas me déclarer pour ne pas avoir de problèmes, vu que je n'ai pas de papiers. Je fais aussi des extras en restauration le soir parfois. » Dans un français qu'elle maîtrise désormais presque à la perfection, elle appelle cela « travailler à gauche à droite ». C'est déjà difficile de trouver quelqu'un qui « t'offre » un emploi, juge-t-elle. Sara concède qu'au début elle a pris ce qui lui a été proposé ; jusqu'à ce qu'elle trouve enfin une personne lui proposant un contrat à temps partiel pour s'occuper d'une autre personne âgée.

Aujourd'hui commis de cuisine dans un restaurant à Caen, Eldhose raconte avoir travaillé au noir, à ses débuts en France, dans divers secteurs comme le BTP, la peinture, le ménage ou le jardinage. « À chaque fois, c'était par le bouche-à-oreille, grâce à des amis qui travaillaient déjà pour quelqu'un et me proposaient de venir quand ils avaient besoin de renfort. C'était payé en moyenne cinquante euros par jour, mais on faisait beaucoup d'heures », précise-t-il. À l'époque, Eldhose et sa femme étaient encore demandeurs d'asile et n'avaient pas le droit de travailler[1]. Avec le sentiment d'être parfois « coincés », certains étrangers sans papiers succombent à l'idée d'obtenir un faux titre de séjour, à leur nom et avec leur photo d'identité, surtout dans le cadre de leurs recherches d'emploi. Moussa en fait partie. « Quand j'ai compris que sans titre de séjour, tout allait être compliqué pour moi, j'en ai parlé à une connaissance que je croisais parfois au bureau de tabac. Il m'a dit que je pouvais faire faire une carte à Barbès qui me permettrait de travailler, mais qu'il ne fallait rien faire d'autre avec. » En deux jours, pour la somme de trois cents euros, il obtient un faux titre de séjour, qui lui permet de postuler à des offres en ligne. On est alors en 2020, en pleine ère « Covid », et Moussa déniche rapidement un emploi en tant qu'agent d'entretien dans les transports parisiens, qu'il s'agit

1. En France, les demandeuses et demandeurs d'asile ne sont pas autorisés à travailler durant les six premiers mois de leur procédure. Au-delà, ils peuvent solliciter une autorisation de travail auprès des autorités, sans garantie que leur demande soit acceptée.

de désinfecter pour éliminer toute trace du virus dont il faut enrayer la propagation. Durant des mois, il travaille de nuit pour récurer les métros. « Ils ne se sont pas rendu compte qu'il s'agissait d'un faux document. Enfin je crois », confie le jeune homme. À l'époque, il s'agit déjà de l'entreprise qui l'embauche toujours aujourd'hui pour faire le nettoyage des trains SNCF. Pour externaliser ces missions de nettoyage, l'entreprise fait appel à deux intermédiaires : Onet et Samsic. Moussa travaille pour l'une d'entre elles, mais a demandé à ce que nous ne dévoilions pas laquelle, de peur de représailles.

L'autre possibilité qui se présente aux sans-papiers, évoquée précédemment, est de travailler « sous alias ». En d'autres termes, en empruntant l'identité et les documents d'une tierce personne, le plus souvent avec son accord et parfois contre rémunération. La pratique est particulièrement courante dans les secteurs de la sécurité, de l'entretien, de la restauration et du soin à la personne. C'est le cas de Sabine aujourd'hui : elle utilise depuis deux ans les papiers d'une autre, elle aussi aide à domicile. C'est le seul moyen qu'elle a trouvé, assure-t-elle, pour travailler tout en étant déclarée. L'ennui, c'est qu'elle ne cotise pas pour elle-même mais pour la personne dont elle emprunte l'identité, qui cotise elle aussi pour son propre compte en parallèle. Bien sûr, il faut un semblant de ressemblance physique entre les deux personnes. « On est toutes les deux ivoiriennes et on se ressemble. Vraiment, on dirait des sœurs », sourit Sabine en me montrant leurs photos respectives. Lorsque ce n'est pas le cas, celui ou celle qui prête son identité peut être amené à se présenter à un entretien d'embauche à la place du travailleur sous alias, qui lui se rendra par la suite sur le terrain, explique le représentant d'un collectif de sans-papiers dont beaucoup travaillent dans la sécurité. L'un d'eux me raconte avoir travaillé ainsi durant six ans, regrettant de n'avoir rien cotisé pour sa retraite ou le chômage. « Tout est parti sur le compte de l'alias. Il y a possibilité de récupérer nos droits par la suite mais c'est très compliqué. »

Il faut en effet s'armer de patience. Tout se joue entre l'alias et la préfecture : le premier doit accepter d'admettre le fait d'avoir prêté son identité au travailleur, à la fois auprès de l'entreprise et de la préfecture, pour démontrer ensuite qu'il ne pouvait être à deux endroits en même temps. « Ça signifie qu'on doit montrer nos bulletins de paie, nos plannings de travail et toutes les informations qui peuvent aider à faire la concordance. » Certains sous-traitants, comme les entreprises d'intérim, savent très bien que leurs employés travaillent sous alias, affirme le représentant du collectif de sans-papiers déjà cité plus haut. « D'autres l'ignorent et profitent de la situation quand ils s'en rendent compte. Un travailleur que le collectif suivait m'a raconté un jour que son patron lui avait diminué brutalement son salaire, sans qu'il ne puisse rien dire ou faire. » Il pointe une position très précaire et souligne les difficultés à régulariser la situation administrative par la suite.

Lorsqu'il travaillait comme employé chez Intermarché, Yao s'est trouvé, malgré lui, dans cette situation également. « On nous faisait travailler en utilisant le nom de quelqu'un d'autre. On nous prévenait que lorsqu'on arriverait sur place, on nous appellerait par tel ou tel prénom. C'était bizarre. Moi, je préférais utiliser mon vrai prénom. » Aujourd'hui, il travaille sous sa véritable identité chez Super U, en ayant simplement présenté son passeport togolais. Le supermarché avait tant besoin de recruter qu'il n'a pas jugé nécessaire de regarder de plus près sa situation administrative. « Je ne sais pas vraiment s'ils savent, mais ils ne m'ont pas demandé de titre de séjour », relate-t-il.

Yao en est à son troisième contrat à durée déterminée (CDD). Il est encore inscrit sur le planning pour une partie du mois de septembre lorsque je le rencontre à L'Isle-sur-la-Sorgue, à une vingtaine de kilomètres d'Avignon, alors que son contrat est supposé prendre fin en août. « La responsable veut me voir pour discuter, j'espère que c'est bon signe. » Le trentenaire espère que son contrat se transformera en contrat à durée indéterminée (CDI), ce qui lui donnerait de grandes chances, après deux ans de travail déclaré, d'être régularisé par le travail. L'école de musique de la commune, qui l'embauche en CDI dans une démarche solidaire, lui permet déjà d'avoir des fiches de paie pour un emploi à temps partiel. « La directrice est anglaise, elle fait tout pour me soutenir dans mes démarches et m'encourage beaucoup. Dès qu'elle a su que ça pourrait m'aider, elle a transformé mon CDD en CDI, même si j'étais sans papiers. » Il y donne des cours depuis deux ans.

Après de nombreux jobs « au noir » en région parisienne, Eldhose finit par rejoindre un restaurant à Caen et ne tarde pas à signer un CDI. « Pour moi, c'était une chance. » Et son épouse Elgi d'ajouter : « Il y avait un Sri Lankais dans l'équipe, c'est lui qui a convaincu le patron de prendre Eldhose. Ça nous a tellement soulagés quand il lui a proposé un contrat... » Faisant partie des secteurs dits « en tension » (sans toutefois figurer dans la liste actuelle des métiers en tension, qui doit être révisée), la restauration peine de plus en plus à conserver sa main-d'œuvre, qui fuit les horaires difficiles et décalés, la pénibilité du travail, les salaires au rabais et les heures supplémentaires non rémunérées. C'est d'autant plus vrai depuis la crise sanitaire liée au Covid-19, qui a engendré la fuite de nombreux employés de ce secteur, les poussant à se reconvertir dans d'autres domaines. Le film documentaire de Julia

Pascual et Camille Millerand, intitulé *Premier de corvée* et diffusé sur Arte en 2023, montre à travers le parcours de Makan, un jeune Malien, combien les travailleurs sans papiers sont essentiels dans ce secteur désormais déserté par les Français.

Plus surprenant, et pourtant plus courant que ce que l'on peut imaginer, Hajer a été embauchée par l'hôpital de Montfermeil (en Seine-Saint-Denis), après avoir réussi son concours de médecine haut la main, sans avoir de titre de séjour. « J'ai été classée 86e sur trois mille candidats inscrits. Montfermeil était mon hôpital d'affectation après le concours et la préfecture ne m'avait toujours pas donné de nouvelles quant au renouvellement de mon titre qui allait expirer », relate-t-elle en relevant les sourcils pour marquer son indignation. L'administration de l'établissement lui « met d'abord la pression » pour qu'elle obtienne sous peu son titre, puis finit par abandonner et lui demander de rejoindre ses équipes, constatant qu'elle n'y peut rien. Elle y travaille en tant que médecin au service de médecine générale et d'infectiologie de l'hôpital durant près de dix mois. « Un jour, je me souviens avoir renvoyé une patiente sans papiers vers l'assistante sociale de l'hôpital afin que celle-ci l'aide dans ses démarches. J'avais envie de lui dire que j'étais dans la même situation, mais c'était beaucoup trop irréel. » L'anecdote l'amuse aujourd'hui, mais cette période a été particulièrement douloureuse pour elle. Venue de Tunisie en mars 2021, elle n'aurait jamais cru être confrontée à une telle situation un jour. Ces obstacles administratifs la renvoient, malgré le statut social qu'elle pensait avoir, à la triste réalité des personnes étrangères vivant en France : tout ne dépend que d'un bout de papier, que l'administration délivre selon son bon vouloir.

CHAPITRE 4

La fabrique des sans-papiers

Chaque matin, Hajer enfile sa blouse blanche, retrouve ses équipes et participe au « briefing » du jour. Le staff de transmission commence à 9 heures : il s'agit de partager les informations relatives aux patients hospitalisés dans le service, comme l'évolution de leur état durant la nuit passée. La trentenaire a rejoint le service de médecine polyvalente et des maladies infectieuses de l'hôpital de Montfermeil en novembre 2022. Un hôpital public « au fin fond du 93 », décrit-elle, évoquant un public particulièrement vulnérable, pour lequel il faut « beaucoup, beaucoup de social ». Une équipe y est même entièrement dédiée : certains patients, confrontés à une perte d'autonomie ou à un isolement social particulièrement important, peuvent rester hospitalisés trois, voire quatre mois, simplement parce qu'aucune solution n'a été trouvée pour leur permettre de rejoindre leur domicile ou une structure adéquate. Dans le département le plus pauvre de France métropolitaine selon l'Insee, Hajer se sent utile. Elle se dit fière de « soigner des gens » au quotidien, malgré la crise que traverse l'hôpital public en France.

Hajer est venue de Tunisie, en mars 2021 – soit en pleine ère Covid –, après avoir soutenu sa thèse et obtenu son diplôme en août 2020. Durant six mois, elle se focalise sur l'Allemagne, allant jusqu'à passer un test d'allemand, avec l'objectif de s'y installer quelque temps. « Mais j'ai vu que la procédure s'était énormément complexifiée à cause du Covid-19. J'ai alors pensé à venir en France. » Début 2021, elle envoie à plusieurs hôpitaux français une candidature spontanée, passant des heures à éplucher un site sur lequel tous les services sont recensés, mentionnant le nom des chefs de service. « Je trouvais leur mail, puis je leur écrivais », se remémore-t-elle. Les « besoins en main-d'œuvre » lui sautent alors aux yeux. En l'espace d'un mois, Hajer reçoit deux accords, l'un de l'hôpital de Marne-la-Vallée pour le service des urgences, l'autre de l'hôpital de Melun pour le service de médecine interne. Ici, pas d'entretien visant à démontrer ses compétences ou à convaincre les recruteurs. Le premier hôpital la joint par téléphone alors qu'elle se trouve au supermarché : « Le chef de service m'a expliqué comment ils fonctionnaient, comment ils s'organisaient pour les gardes… » Le second se contente d'un mail dans lequel il dit vouloir la recruter. À Melun, Hajer peut bénéficier d'un logement inclus. Avec un salaire frôlant 1 500 euros net par mois en tant que stagiaire associée, son choix est vite fait. « On est recruté en tant que stagiaire associé mais on fait fonction d'interne. Le salaire est donc très bas par rapport à la charge du travail et le coût du logement en région parisienne », déroule-t-elle.

En pleine crise sanitaire, la jeune médecin obtient un visa long séjour en un mois seulement, à l'heure où les procédures sont facilitées pour les médecins étrangers souhaitant venir travailler en France. L'agence régionale de santé, ou ARS, délivre en une semaine le document nécessaire à l'administration de l'hôpital pour recruter un médecin étranger. Les médecins tunisiens, affirme Hajer, bénéficient d'une bonne formation médicale et donc d'une bonne réputation. Elle rejoint le sol français le 29 mars 2021. Ce jour-là reste gravé dans sa mémoire. Son oncle, habitant de la région parisienne, vient l'attendre à l'aéroport pour l'acheminer vers Melun. Elle découvre alors la petite commune de La Rochette, où un studio de quinze mètres carrés l'attend dans un foyer pour jeunes travailleurs. « Plus on avançait, plus je sentais que c'était la campagne. L'épicerie la plus proche se trouvait à vingt minutes à pied. Je me suis dit que ce serait une expérience », sourit-elle, affirmant avoir tout de même retenu ses larmes ce jour-là.

Hajer débute à l'hôpital de Melun au mois d'avril. Il lui faut une semaine d'adaptation pour apprivoiser le système de santé français, bien différent du tunisien, où tout fonctionne encore sur papier. « Ici, tout est informatisé. J'ai appris relativement vite ». Elle suit une moyenne de huit patients par jour sur une trentaine de lits dans son service. « J'allais voir les patients un à un pour les ausculter, je réalisais la visite virtuelle, l'imagerie, le scan et la lecture des bilans. » L'après-midi, elle gère les entrées principales, soit les nouveaux patients admis aux urgences, pour lesquels des bilans doivent être effectués. Les journées sont chargées : Hajer quitte rarement l'hôpital avant 19 heures, voire 21 heures. Comme tous les médecins et internes, elle a le droit d'effectuer des gardes de nuit, qui permettent d'arrondir les fins de mois. Mais elle découvre un système pour le moins surprenant. « On ne pouvait pas en faire car le chef de service était plutôt contre. Il refusait de se passer de nous en journée en semaine, or si l'on effectue une garde de nuit, on doit récupérer le lendemain. » Implicitement, le chef de service les encourage à réaliser des gardes le vendredi afin de les pousser à les récupérer le week-end, durant un temps déjà consacré au repos hebdomadaire.

Deux internes français et quatre médecins étrangers composent alors l'équipe. Hajer et ses collègues étrangers sont les seuls à subir ce traitement, qu'elle juge aujourd'hui discriminatoire. « Les stagiaires français pouvaient faire leurs gardes en milieu de semaine sans problème. Le chef de service estimait avoir plus de pouvoir sur nous car il considérait que c'était lui qui nous avait ramenés de notre pays. Il n'hésitait pas à nous le rappeler. » Difficile, pour les médecins étrangers, de contester ces méthodes arbitraires, car le renouvellement de leur titre de séjour est conditionné au renouvellement de leur contrat. « Si je n'ai pas de contrat, je n'ai pas de titre de séjour. Si je n'ai pas de titre de séjour, je dois trouver un nouveau poste ou rentrer dans mon pays », résume-t-elle. En décembre 2022, alors qu'elle continue d'exercer, elle passe le concours d'équivalence, nommé procédure d'autorisation à exercer (PAE), qui autorise la pratique médicale sur le sol français pour les médecins étrangers originaires de pays non européens. Elle réussit brillamment puis adresse plusieurs candidatures spontanées, notamment à l'hôpital de Mont-d'Or, à Créteil dans le Val-de-Marne. Le service des maladies infectieuses souhaite la recruter. « J'ai passé l'entretien avec des figures de la médecine », relate-t-elle, pas peu fière de l'avoir réussi. Il ne reste alors que la partie administrative. Ce devrait être une simple formalité, lui promettent-ils. Mais quinze jours plus tard, tout s'écroule. Les médecins étrangers ayant réussi le concours doivent être orientés en priorité vers les zones défavorisées et les déserts médicaux. « On m'explique que politiquement, c'est la règle. C'est la volonté de l'ARS. » La désillusion est immense. Hajer déprime, constatant qu'elle n'est pas retenue du fait de son statut d'« étrangère ».

Elle postule ensuite à l'hôpital Foch, dans les Hauts-de-Seine, sans trop y croire. « J'ai reçu un appel de l'administration, qui m'a alors acceptée. Ils avaient tellement besoin de médecins ! » Sa meilleure amie, originaire de Tunisie, est embauchée aussi. Elles quittent l'hôpital de Melun au même moment et fuient par la même occasion des conditions managériales terribles. Leur salaire était déjà passé à 2 200 euros après avoir réussi le concours d'équivalence imposé aux étrangers. Hajer se voit alors proposer un salaire brut mensuel de 4 500 euros sans les gardes. Elle déménage et s'installe à Suresnes, à seulement cinq minutes à pied de l'hôpital Foch, où elle travaille de juin à octobre 2022, en attendant de rejoindre son hôpital d'affectation parmi la liste de choix qu'elle avait énoncés à l'issue du concours de médecine. « J'avais mis Montfermeil en quatrième position, l'hôpital m'intéressait car il avait un service de maladies infectieuses. C'est là que j'ai été prise, je devais débuter chez eux avant la fin d'année au risque de voir ma réussite au concours annulée. »

Son premier changement d'adresse marque le début de ses déboires avec la préfecture. Alors qu'elle est toujours stagiaire associée à l'hôpital de Melun, elle tente de renouveler son titre de séjour, sur le point d'expirer, auprès de la préfecture de la Seine-et-Marne. Elle reçoit à la place un récépissé valide six mois – un document octroyé dans l'attente d'un titre et prolongeant le droit au séjour d'une personne en France. Celui-ci est alors valable jusqu'à septembre 2022. Mais entre-temps, Hajer déménage pour rejoindre Suresnes en juin : elle anticipe ses démarches administratives et dépose, fin juillet, une nouvelle demande de renouvellement de titre de séjour, cette fois auprès de la préfecture dont elle dépend désormais : celle de Nanterre. Sa demande implique également un changement de statut, passant ainsi de stagiaire associée à salariée une fois le concours obtenu. « Mais au moment où je dépose ma demande, je comprends que la préfecture ne compte pas me délivrer de récépissé. C'est un choc et je panique parce que je sais que mon récépissé actuel va expirer en septembre. »

Lors du dépôt de sa demande de renouvellement en ligne, elle dit avoir bien précisé ce détail. Elle tente le tout pour le tout et se retourne vers la préfecture de Melun, à qui elle demande une prolongation de son récépissé, sur le point d'expirer, dans un courrier adressé en recommandé. Mais elle reçoit un mail lui rappelant qu'elle a depuis déménagé et qu'elle ne dépend plus de cette préfecture. « Au final, je n'ai jamais eu de titre de séjour cette année-là, seulement un récépissé. » Perdue, la jeune médecin prend attache avec une avocate spécialisée en droit des étrangers en septembre. Celle-ci la rassure et lui indique que les délais sont « habituels » avec la préfecture de Nanterre. Elle bascule dans le séjour irrégulier le 18 septembre 2022. Le seul moyen dont elle dispose pour relancer la préfecture reste l'interface de son site internet. « Je suis devenue sans papiers. Ça ne posait absolument pas de problème à l'hôpital Foch de faire travailler des médecins en situation irrégulière », souligne-t-elle, évoquant plusieurs cas similaires au sien sur la même période, comme sa meilleure amie, recrutée par le même établissement. C'est durant cette période qu'elle fait face à une situation plutôt cocasse : « C'est là que je me retrouve à devoir gérer le cas de cette patiente sans papiers, sans oser lui dire que je suis moi-même dans cette situation. » Hajer et son amie réalisent qu'elles ne sont alors pas couvertes en cas d'erreur médicale ou de situation problématique avec un patient. « S'il arrivait quoi que ce soit, l'hôpital ne nous couvrait pas puisque nous n'avions pas lieu d'être en France, et encore moins d'être salariées dans cet hôpital. » Toutes deux alertent l'administration et leur chef de service par mail et détaillent leurs difficultés avec la préfecture des Hauts-de-Seine. Mais elles n'obtiennent que des « réponses bateaux ». L'administration de l'hôpital propose de contacter la préfecture, mais rien ne change. Son avocate ne lui donne aucune nouvelle.

Du côté de la préfecture, « ils font les morts ». L'interface du site internet – sans doute un robot – est « à côté de la plaque » et les réponses qu'elle reçoit lui donnent le sentiment que personne n'est allé voir le fond du dossier. « J'ai eu l'impression que le préfet était une sorte de dieu auquel on ne pouvait accéder, avec qui toute communication était impossible. » Hajer est brusquement ramenée à la réalité de milliers de personnes en France ; une réalité dont elle pensait être préservée, en tant que médecin. « Je pensais avoir un statut un peu privilégié », admet-elle. « Je n'étais pas particulièrement sensibilisée à la question des travailleurs sans papiers et j'ai toujours cru que de par mon parcours, ma profession et mon capital social, je ne pouvais pas me retrouver dans cette situation. » Les mois passent et de nombreux collègues travaillant à ses côtés à l'hôpital Foch banalisent cette situation de non-droit, lui expliquant qu'avec la préfecture de Nanterre, de tels délais sont « normaux ». « C'est comme ça, me disaient-ils. » Mais son hôpital d'affectation, situé à Montfermeil, exige d'elle de présenter un titre de séjour valable ou un récépissé attestant du dépôt de sa demande en cours. Elle rejoint malgré tout l'établissement de Seine-Saint-Denis en novembre, ne pouvant pas dépasser la fin d'année au risque de perdre la validité de son concours.

Jusqu'en février 2023, Hajer fait l'objet de multiples relances venant de l'administration de l'hôpital pour présenter un titre de séjour. Cette même administration la laisse pourtant exercer et sillonner chaque jour les couloirs de l'hôpital pour se rendre au chevet des patients. Un jour de février, alors qu'elle subit une relation conflictuelle avec l'un d'eux et redoute qu'il porte plainte, elle alerte l'administration une énième fois. « Je leur ai dit que ce n'était plus possible, qu'il fallait qu'ils fassent quelque chose. Et là, ils m'ont montré un mail de l'ARS qui leur avait donné l'autorisation de m'embaucher alors que je ne disposais pas encore de mes papiers, peu avant que je ne les aie rejoints. » En d'autres termes, l'hôpital a couvert ses arrières constatant qu'elle ne parvenait pas à obtenir son titre de séjour ; mais elle devait vivre avec le fait de travailler au quotidien auprès de l'établissement sans être couverte en cas d'ennui. Cette nouvelle la pousse à relancer de nouveau la préfecture de Nanterre par courrier, leur faisant part de ce blocage qui entrave son quotidien. Elle reçoit alors, à sa grande surprise, une attestation disant que son dossier est en cours de traitement et qu'il faut désormais attendre jusqu'à deux mois pour la délivrance de son titre. Le document n'est ni signé ni tamponné. « Ils me l'ont envoyé via la messagerie de l'interface de la préfecture puis ils ont clos la discussion, sans me laisser pouvoir répondre. » Elle n'a plus qu'à attendre. Attendre, attendre, et encore attendre. Ce terme avec lequel chaque personne étrangère doit composer en France, comme me l'avait justement fait remarquer un demandeur d'asile débouté un jour.

Mais pour Hajer, la période est très éprouvante. Elle apprend une terrible nouvelle s'agissant de sa famille en Tunisie et ne peut s'y rendre pour soutenir ses proches. « Ma mère n'avait pas de visa et ne pouvait pas venir me voir. Et moi, qui suis pourtant médecin et aurais pu les aider dans cette épreuve, j'étais bloquée ici faute de titre de séjour. » Alors que l'été approche à grands pas, et que le délai annoncé de deux mois est dépassé, la jeune femme se décide à se rendre en préfecture pour tenter de parler à un agent et contourner ainsi la dématérialisation des démarches, qui empêche toute communication claire avec ses interlocuteurs. « Je les ai déjà appelés une trentaine de fois par téléphone, au point qu'ils me raccrochaient au nez à la fin. J'ai simulé une prise de rendez-vous en faisant comme si mon titre de séjour était prêt à être récupéré. » On est alors en avril, le 6 du mois. Hajer se présente en préfecture et attend son tour. L'agent qui la reçoit jette un œil à son dossier puis finit par déclarer que son titre n'est pas prêt. Hajer n'est pas vraiment surprise. « Je lui explique que je veux simplement avoir une réponse, que je ne peux pas attendre éternellement. Elle m'a annoncé qu'elle allait voir avec sa responsable parce que mon dossier était compliqué. » À son retour, l'agent lui souffle, du bout des lèvres, qu'elle fait l'objet d'une obligation de quitter le territoire français (OQTF).

« C'est quoi une OQTF ? » répond Hajer avec un brin de naïveté, l'air interloqué.

– Obligation de quitter le territoire, madame ! » crie à son intention la responsable, l'air réjoui, depuis son bureau sans prendre la peine d'en sortir.

– Mais je suis médecin, j'ai un contrat qui court jusqu'à 2024, il doit y avoir une erreur ! »

Hajer imagine déjà des hommes en uniforme venir la « ramasser » et la mettre dans l'avion direction Tunis. Elle devait se rendre à l'hôpital juste après son rendez-vous en préfecture et avait déjà adressé les « transmissions » s'agissant de ses patients, en prévenant qu'elle serait en retard. Elle éclate en sanglots. Demande à voir un responsable. Une première la rassure en lui disant qu'une solution sera sans doute trouvée et la renvoie vers une seconde. « Celle-là me confirme que j'ai bel et bien une OQTF et commence à me lire le contenu du document. Je répétais que c'était une erreur, mais on aurait dit un robot. » Sur ce bout de papier, estampillé du logo de la préfecture des Hauts-de-Seine, l'administration indique que « l'intéressée est tenue de retourner dans le pays dont elle est ressortissante et qu'elle ne peut prétendre à la délivrance d'un titre de séjour portant la mention salarié ». Elle ne démontre pas non plus être dépourvue d'attaches familiales dans son pays d'origine. Les phrases classiques, copiées-collées, s'enchaînent jusqu'à l'annonce du rejet de sa demande de titre et l'injonction qui lui est faite à quitter le territoire français. L'OQTF lui avait été adressée à son ancienne adresse, à Suresnes, datait du 25 octobre 2022 et fixait un délai d'un mois pour qu'elle fasse ses valises.

« Je sais lire, écoutez-moi s'il vous plaît, je veux juste vous expliquer ma situation en détail, supplie Hajer.

– Vous devez retourner dans votre pays », martèle la responsable, lui donnant le sentiment d'avoir commis un crime en France.

L'attestation reçue en février ne valait donc rien. Son récépissé, pourtant périmé, lui est confisqué. Hajer perd toute trace de son existence « légale » en France. Elle fait aussi l'objet d'une interdiction de retour sur le territoire français. C'est sans doute le plus violent à ses yeux. « C'est comme si on avait décidé de me bannir. » Elle ne peut s'empêcher de comparer sa situation avec celle de sa meilleure amie, dont le changement de statut a été refusé par la préfecture de Nanterre, puis accepté en une semaine à la sous-préfecture de Boulogne – qui dépend pourtant de la même administration. « Des incompétents », clame-t-elle. Celle qui soigne des citoyens chaque jour en France vit alors une véritable discordance entre ce qu'on lui infligeait et ce qu'elle accomplissait. Elle pointe le racisme subi ce jour-là de la part de cette responsable, qui n'avait de cesse de répéter « votre pays », « vous devez retourner dans votre pays ». « Je m'étais promis, lorsque je suis venue vivre en France, de ne pas me victimiser par rapport à mes origines ; mais là c'était flagrant. » Un énorme sentiment d'injustice l'envahit. À travers la vitre d'un guichet – cette vitre qui marque une distance et vient réaffirmer la peur que suscitent les étrangers –, au beau milieu des autres usagers, Hajer est victime de la violence institutionnelle.

Au-dehors, alors que les larmes se déversent sur ses joues, une passante l'approche pour tenter de l'aider. « J'ai appelé mon chef de service pour lui expliquer la situation et lui dire que je ne viendrai pas. Il m'a répondu que j'avais eu de la chance que la police ne soit venue me chercher directement à la préfecture », se souvient-elle, encore abasourdie. Son avocate, à qui elle téléphone, répond qu'elle n'a jamais vu de médecin sous OQTF. Mais elle ne fait rien. « Je me suis tournée vers ma belle-sœur, qui est avocate et a pris mon dossier en main. » Cette dernière tente de saisir le tribunal administratif pour contester l'OQTF, tout en faisant valoir que Hajer n'en avait jamais eu connaissance. En temps normal, une personne étrangère menacée d'expulsion ne dispose que de quarante-huit heures à compter de la notification pour pouvoir la contester en justice. Hajer tente de donner un maximum de visibilité à sa situation dans le même temps, et adresse un mail collectif à tous les chefs de l'hôpital de Montfermeil, dans lequel elle développe ses difficultés d'ordre administratif. Elle saisit également le syndicat des médecins généralistes et l'ARS. Puis vient ce message publié de façon anonyme dans un groupe du réseau social Facebook dédié aux médecins étrangers en France, qui devait lui permettre d'avoir des « retours d'expérience » pour des cas similaires et donc l'orienter. Un médecin reprend son message et le publie sur le réseau Twitter (désormais appelé « X »). L'affaire fait polémique. « Entre-temps, le syndicat m'a répondu pour me prévenir que le ministère de l'Intérieur et le ministère de la Santé avaient échangé à mon sujet. Et l'ARS m'a recontactée pour me demander plus de précisions. » La bataille dure près de quinze jours. Jusqu'à ce fameux samedi, où elle reçoit un mail du directeur de la santé publique à l'ARS Île-de-France réagissant à son histoire, qu'il avait découverte sur les réseaux sociaux. « Il me demandait plus d'informations. Je lui ai répondu dimanche car je travaillais le samedi. Lundi matin, il m'annonçait par mail qu'il interviendrait en ma faveur auprès de la préfecture. » Dans l'heure qui suit la réception de ce dernier mail, Hajer reçoit un appel téléphonique de la préfecture, qui lui demande si elle peut se rendre disponible le mercredi suivant. « Ils m'ont aussi demandé si j'avais bien un contrat de travail et si j'avais bien réussi le concours, avec un document qui l'atteste. » Elle apprend que l'OQTF et l'IRTF vont être annulées et qu'un titre de séjour lui sera délivré.

La médecin s'absente, sur ses propres congés, pour une demi-journée mercredi pour pouvoir se rendre en préfecture. Elle présente tous les documents demandés et aperçoit la même responsable qui avait pris soin de lui lire le contenu de l'OQTF alors qu'elle se trouvait en état de choc. Hajer ne veut pas croiser son regard, elle veut garder son sang-froid. « Elle était toujours autant à côté de la plaque. Elle continuait de me dire que j'aurais dû rentrer dans mon pays et faire le changement de statut depuis la Tunisie. » Jamais aucun changement de statut ne s'est fait depuis l'étranger. Même l'agent qui reçoit Hajer ce jour-là contredit sa responsable, mais celle-ci persiste. « Il m'a dit que mon dossier était prioritaire, que le ministère de l'Intérieur et l'ARS avaient insisté pour que cela se règle. » On lui demande son ancien titre ou récépissé, elle répond qu'il lui a été confisqué par cette même responsable. À aucun moment, l'administration ne s'excuse. Hajer prend sur elle en se promettant qu'elle ne remettrait plus les pieds dans « cet endroit pourri » que représentent désormais ces bureaux à ses yeux. Elle se voit délivrer un récépissé de trois mois le jour même. « Mais ça ne m'a pas rassurée pour autant : je devais voyager début août pour me rendre en Tunisie voir ma famille. » Le récépissé ne le lui permettra pas. « L'agent m'a alors garanti que la responsable m'appellerait le lendemain et que j'aurais de toute façon un titre avant le mois d'août. » Et si elle ne l'appelait pas ? Elle connaît si bien ce silence de l'administration qu'elle ne peut en ignorer les conséquences. « L'agent m'a répondu : "Vous venez à la préfecture, vous tapez un scandale et ils vous laisseront entrer." » La méthode est triviale. La responsable ne l'appellera finalement pas.

Hajer retourne à la préfecture le lendemain, en se servant de la convocation du jour précédent. L'agent de sécurité la laisse entrer. « Une responsable vient et me dit, toujours derrière la vitre, qu'ils n'ont rien à me dire, que mon titre va partir à l'Imprimerie nationale et sera prêt dans deux mois. » La situation est vécue comme une humiliation : devoir parler derrière cette vitre, en se penchant vers l'avant pour orienter le son de sa voix vers la petite ouverture permettant de glisser des documents, hausser le ton pour se faire entendre, livrer les détails de sa vie devant une assemblée d'usagers… Hajer repart bredouille. Elle reçoit son titre de séjour, valide à compter du 20 avril 2023, suffisamment dans les temps pour pouvoir voyager à destination de la Tunisie en août. Curieusement, celui-ci n'est valable que jusqu'au 19 avril 2024, alors que son contrat court jusqu'en novembre de cette année-là, songe-t-elle. Sans doute parce qu'il s'agit d'un titre de séjour d'un an.

En décrivant son calvaire, la médecin joue nerveusement avec un morceau de papier qui traîne sur la table du café parisien où nous nous rencontrons. Elle en rit aujourd'hui, parfois. Mais tous ces mois dans l'irrégularité, puis ces semaines sous OQTF n'ont pas été drôles du tout. « Ma mère s'inquiétait sans vraiment bien comprendre la situation. À un moment donné, je me suis dit que si on ne voulait pas de moi en France, autant rentrer. » Pourquoi forcer les choses, pourquoi s'infliger cela ? Mais Hajer se souvient vite qu'elle a construit une nouvelle vie ici ; son travail, son petit ami, ses amis et son logement. Elle sera restée sans titre de séjour du 18 septembre 2022 au 20 avril 2023. L'administration française aura créé une sans-papiers de toutes pièces. « Ça m'a bloquée pour plein de choses », constate-t-elle aujourd'hui. Impossible pour elle de déménager lorsqu'elle rejoint l'hôpital de Montfermeil, puisqu'elle ne dispose alors pas de titre de séjour pour pouvoir prétendre à une location. « J'ai dû aller vivre chez mon copain alors que ce n'était pas prévu à ce moment de notre relation. » Impossible également de faire changer son permis de conduire tunisien en permis français. Impossible de voyager. « Pendant tout ce temps, j'ai eu aussi très peur de croiser la police. Des connaissances m'ont rassurée en me disant que les femmes avaient peu de chances d'être contrôlées. » Elle estime avoir sans doute été « privilégiée », en tant que médecin, à partir du moment où sa situation a été rendue publique via les réseaux sociaux. Elle n'a jamais médiatisé son histoire, de peur d'avoir des ennuis avec les autorités par la suite. Jusqu'à présent, dit-elle, elle craint qu'on lui mette « des bâtons dans les roues » plus tard. « Je m'en suis sortie grâce à la mobilisation de certains, mais je n'ose même pas imaginer ce qui peut arriver aux autres étrangers. » Sa situation est loin d'être unique. La France fabrique ses propres sans-papiers en imposant la dématérialisation comme seule alternative, en assumant des délais d'attente interminables en préfecture faute de moyens humains, ou encore en perdant régulièrement des dossiers de demande de renouvellement de titre de séjour.

Dans le Val-de-Marne, un collectif observe nombre de ces cas chaque jour, atterré de voir combien le service public se « dégrade » toujours plus, au gré de politiques nationales visant à compliquer toujours davantage le parcours des étrangers en France. Dans les locaux du groupe Fontenay diversité, qui réunit à la fois l'association de soutien aux étrangers val-de-marnais, la Ligue des droits de l'homme et Réseau éducation sans frontières, Fabien extirpe une pile de dossiers de l'étagère. À chaque étage, une étiquette qui indique le statut des dossiers. « Régularisés ». « Sans suite ». « En cours », peut-on lire en parcourant l'étagère. « L'objectif, sourit le bénévole, c'est que les dossiers en cours puissent rejoindre la pile des régularisés. » Lorsque les personnes accompagnées dans leurs démarches disparaissent sans laisser de trace, elles sont naturellement classées sans suite. Le collectif a aidé 220 personnes en 2023. Un petit exploit pour la vingtaine de bénévoles qui le composent, et qui tentent du mieux qu'ils peuvent de se répartir la charge de travail. « Je me souviens de cette dame venue un jour à la permanence avec tous ses papiers depuis 2012 », raconte Marius, hilare, revoyant cette liasse de documents à trier et à ranger selon leur date de délivrance. Chaque samedi, ils et elles se relaient pour tenir la permanence d'accès au droit à la maison du citoyen et de la vie associative de Fontenay-sous-Bois.

Depuis quelque temps, l'équipe fonctionne sur rendez-vous, de façon à pouvoir honorer les rencontres avec les bénéficiaires. « On a eu des jours où il y avait pas mal de monde qui attendait, sans forcément pouvoir passer », poursuit le binôme. Cette fabrique des sans-papiers, ils la constatent à travers des cas concrets. Comme cette dame présente en France depuis 2005, mère de trois enfants dont deux français. Elle se voit délivrer un premier titre de séjour en 2014, qu'elle parvient à renouveler chaque année jusqu'en 2020. « Et puis là, le Covid-19 arrive. Elle dépose un dossier de renouvellement à la sous-préfecture de Nogent-sur-Marne mais n'obtient pas de réponse malgré nos courriers recommandés », rapporte Marius. Le collectif finit par saisir la justice, comme cela arrive souvent en droit des étrangers, pour faire valoir ses droits et dépose un référé « mesure utile » au tribunal administratif en avril 2022. Le juge des référés enjoint au préfet d'instruire la demande sous dix jours, mais rien ne se passe. Elle n'obtient un récépissé qu'en juillet 2022 et reste ainsi sans-papiers durant deux ans. Deux années durant lesquelles elle perd tous ses droits : travail, accès aux prestations sociales, possibilité de voyager. « Il y a aussi un risque d'expulsion du logement pour les personnes habitant en HLM », complète Fabien. Sa carte pluriannuelle ne lui sera délivrée qu'en janvier 2023. Ces ruptures de droit, directement imputées à la lenteur des procédures administratives, font de temps à autre parler d'elles dans la presse locale. Tous deux se souviennent du cas d'une accompagnante d'élèves en situation de handicap (AESH) d'un groupement scolaire et d'un lycée à Chennevières-sur-Marne. Celle-ci se présente à la permanence au printemps 2022 parce que le titre de séjour dont elle bénéficiait jusqu'alors, mention « salarié », expire alors qu'elle se trouve dans l'impossibilité de trouver un rendez-vous en préfecture pour pouvoir le renouveler. « Elle était originaire d'Afrique subsaharienne. Tout à coup, elle se retrouvait sans titre et faisait l'objet d'une OQTF, tout en continuant de travailler pour l'Éducation nationale. » Le Réseau éducation sans frontières se mobilise, de même que le personnel éducatif de l'établissement dans lequel elle maintient son activité professionnelle. « En théorie elle ne pouvait plus vraiment travailler en étant sans-papiers, mais ça se passait très bien dans les établissements auxquels elle était rattachée. » Là aussi, précisent Marius et Fabien, elle perd ses droits durant plusieurs mois. « Elle travaille pourtant, elle est indispensable aux enfants qu'elle accompagne. Les services de M. Darmanin à Nogent-sur-Marne apportent la démonstration de leur mépris pour une femme travailleuse qu'ils ont transformée en "sans-papiers" », écrivent ses nombreux soutiens dans le texte accompagnant la pétition en ligne visant à convaincre les autorités de la régulariser.

Des centaines de personnes pourraient ainsi être concernées chaque année, relève Claudia Charles, chargée d'études au Gisti. « Il est compliqué d'avancer un chiffre précis sur cette fabrique des sans-papiers, aussi parce que toutes les personnes se retrouvant dans ce genre de situation n'ont pas le réflexe de saisir les associations ou des avocats », précise-t-elle. Pour ce faire, il faudrait également que toutes les associations, et en particulier les antennes locales, mutualisent leurs données. Un travail colossal qui n'a pas encore été réalisé à ce jour. « Mais cela se compte facilement en centaines, voire en milliers. » Claudia Charles se dit sidérée de voir combien ces obstacles en préfecture peuvent plonger les personnes dans la précarité administrative ou dans l'irrégularité. « Jusqu'où va-t-on aller ? » s'interroge-t-elle, expliquant que chaque jour, les associations d'aide aux étrangers découvrent de nouvelles difficultés liées notamment à la dématérialisation des démarches administratives. Et depuis l'ouverture du service « Anef », pour « Administration numérique pour les étrangers en France », censé simplifier les démarches pour une première demande de titre ou un renouvellement de titre, les difficultés ont redoublé d'intensité. « Toutes les préfectures n'ont pas les mêmes pratiques, certaines utilisent ce système et d'autres non », détaille Claudia Charles. Ce nouveau système impose également des délais spécifiques pour le dépôt d'une demande de renouvellement, différents des délais habituellement impartis. Beaucoup d'usagers étrangers l'ignorent et se mettent en difficulté en ne respectant pas, sans le savoir, les délais désormais imposés par l'administration.

Depuis novembre 2020, le collectif « Bouge ta pref ! », qui réunit plusieurs associations d'aide aux étrangers spécialisées dans le droit au séjour, se bat pour tenter de visibiliser ces blocages et leurs lourdes conséquences sur la vie des principaux intéressés. « L'urgence en matière d'immigration, c'est avant tout d'assurer un service public digne pour les résidents étrangers », rappelait-il en mai 2023 à l'occasion d'un rassemblement contre la fabrique des sans-papiers devant la préfecture du Rhône. Cette dernière « fabrique des sans-papiers en ne délivrant pas à temps les récépissés aux usagers faisant renouveler leur titre de séjour, qui se retrouvent en situation irrégulière entre deux titres et perdent leurs droits en raison de ces pratiques illégales (droit au travail, droit au logement, droit de voyager, difficultés dans toutes les démarches du quotidien) », s'alarmait le collectif. Une enquête dont les résultats sont attendus en fin d'année 2023 a été lancée auprès des usagers des préfectures d'Île-de-France afin de mesurer l'ampleur de ces blocages et difficultés imposés aux étrangers.

Comment a-t-on pu en arriver là ? Comment peut-on accepter que la France produise elle-même des sans-papiers alors qu'elle ne cesse, dans le même temps, de les pointer du doigt et de les criminaliser en insistant sur l'irrégularité de leur séjour ? Certains répondront qu'il s'agit principalement d'un manque de moyens au niveau des préfectures, ou du recours trop important aux vacataires qui, soumis à un rythme effréné de travail, commettent parfois des erreurs ou tombent dans la négligence. D'autres diront qu'il s'agit, pour le gouvernement et en particulier le ministère de l'intérieur, de répondre à une politique du chiffre visant à maîtriser le nombre de titres de séjour délivrés chaque année, pour ne pas donner de grain à moudre au Rassemblement national, qui garde les yeux rivés sur les chiffres de l'immigration. En attendant, les abus s'empilent. Ils font parfois polémique, mis en lumière par les mobilisations collectives ou la médiatisation.

CHAPITRE 5

Le mur de la préfecture

Le soleil transperce les vitraux de l'édifice religieux. Eldhose pénètre dans l'église Saint-Pierre-de-Caen, le 30 août 2023. Deux mois plus tôt, ce lieu paisible marquait le début d'un cauchemar pour lui et son épouse Elgi. Je l'observe s'asseoir discrètement sur un banc, sans dire un mot. C'est ici qu'il vient, tous les jours de la semaine, pour prier avant d'aller travailler dans le restaurant qui l'embauche, à une centaine de mètres de là. Il s'installe toujours à cette place. « On est très croyants, alors on fréquente plusieurs églises de la ville », sourit le couple. Ce mercredi-là, Eldhose est de repos. Il prend régulièrement Juan, son bébé âgé de 2 ans, des bras de sa mère pour la soulager. Sa fine silhouette, recouverte d'une blouse ample, camoufle son petit ventre bombé : elle est enceinte d'un deuxième enfant. Un bonheur pour le couple. Elle raconte, non sans fierté, les petits plats que lui prépare Eldhose, qui ne peut s'empêcher de poser un regard tendre sur elle. Il n'a pas remis les pieds ici depuis l'« incident ». Son visage habituellement si détendu s'assombrit brusquement lorsqu'il revit la scène. Trois policiers déboulent à l'intérieur de l'église pour lui demander ce qu'il fait là. Ils lui demandent de le suivre jusqu'à la porte d'entrée, puis expliquent qu'une personne l'a « signalé » au moment où il entrait dans l'édifice du fait d'un « comportement suspect ». Eldhose ne comprend pas. « Ils m'ont ensuite demandé si j'avais un couteau, puis ils m'ont fouillé. » Les agents ne trouvent rien. L'homme leur explique qu'il travaille dans un restaurant tout près, qu'il est un habitué des lieux. Mais les policiers veulent voir son titre de séjour. Ils le réclament à trois reprises. Eldhose n'en a pas. Les quelques visiteurs qui se trouvent dans l'église ce jour-là ne remarquent rien.

Le cuisinier est interpellé, contraint de monter à bord du véhicule de police pour se rendre au commissariat. Il n'a même pas le temps de passer un appel à Elgi pour la prévenir de la situation. Il tremble de tout son corps. Il se sent blessé, trahi par ce pays qui l'a accueilli et pour lequel il s'est tant investi. « J'étais en état de choc. Vous imaginez, je priais tranquillement et la police est venue m'arrêter. » C'était la première fois, insiste-t-il, qu'il avait affaire à la police. Eldhose aurait dû arriver sur son lieu de travail à 17 heures. À 17 h 30, l'un de ses collègues téléphone à Elgi, lui expliquant ne pas l'avoir vu arriver et s'inquiéter pour son sort. « J'ai eu très peur, j'ai compris qu'il lui était arrivé quelque chose. » Entre-temps, elle reçoit un appel du commissariat, mais peine à comprendre les propos de son interlocuteur en français. « Au départ, j'ai cru que c'était l'hôpital et qu'il avait eu un accident. J'ai fini par donner le numéro au collègue d'Eldhose pour qu'il rappelle lui-même. » Elle n'ose pas se présenter au poste de police, de peur d'avoir des ennuis elle aussi. Son mari est placé en retenue administrative durant vingt-quatre heures sans pouvoir être assisté d'un avocat. Il ressort du commissariat avec une Obligation de quitter le territoire français

« sans délai », doublée d'une interdiction de retour sur le territoire français. En d'autres termes, il peut être expulsé à tout moment et renvoyé dans son pays d'origine, l'Inde, qu'il a quitté pour pouvoir pratiquer sa religion librement et pour pouvoir vivre avec son épouse Elgi, qui n'a jamais été acceptée par ses proches. « On ne peut pas retourner là-bas, commente Elgi. On n'a plus rien, on a revendu notre maison pour pouvoir financer le voyage jusqu'en Europe. » Le couple est terrifié à l'idée de perdre cette nouvelle vie qu'il a bâtie en France. Sans réfléchir, Elgi appelle les sœurs de la paroisse qu'elle fréquente pour les alerter.

Dans le quartier de la Grâce de Dieu à Caen, fin août, le couple frappe à la porte de sœur Maïté et sœur Cécile. Une dame aux cheveux grisonnants ouvre la porte de la maison, par laquelle on accède en montant de petites marches. Cinq femmes vivent ici, en « communauté ». Juan se jette dans les bras de sœur Maïté une fois le seuil de la porte franchi. « C'est comme ma mère », susurre Elgi en la prenant dans ses bras et en essuyant une larme sur sa joue. Le couple d'Indiens fréquente chaque semaine la paroisse et se rend à l'église tous les dimanches pour assister à la messe. Juan, leur enfant, a été baptisé dans cette paroisse. Elgi travaille auprès d'une sœur, qui l'emploie en tant que femme de ménage à raison de plusieurs heures par semaine, en la déclarant grâce à des chèques Cesu. « Quand on a appris pour Eldhose, ça a été le choc au sein de la communauté », se souviennent les deux sœurs tout en servant un verre de limonade fraîche à la famille dans le petit salon situé au rez-de-chaussée de leur maison. Les conditions de l'interpellation sont scandaleuses : personne ne peut être arrêté dans un édifice religieux sans avoir l'autorisation de l'affectataire. La Cimade, association d'aide aux étrangers, base une partie de son argumentation en faveur d'une mobilisation de soutien sur ces conditions d'interpellation illégales. Personne ne sait qui a signalé le cuisinier indien ce jour-là. Les faits se sont déroulés au lendemain de l'attaque au couteau d'Annecy, perpétrée par un demandeur d'asile syrien – un chrétien d'Orient – qui a failli tuer, dans un élan de folie, six enfants qui se trouvaient au parc du Pâquier ce matin-là. Un événement tragique qui a sans doute poussé à une forme de paranoïa collective, estime l'association. Ou bien l'œuvre d'une personne haineuse comme la France en compte un certain nombre aujourd'hui. La mairie de Caen a bien diligenté une enquête interne, pour tenter de savoir ce qu'il s'était passé. « La police municipale nous a appelés après coup. A priori, Eldhose avait été arrêté par des agents de la police municipale mais avait été déposé au poste de la police nationale », rembobine Samuel, bénévole au sein de l'antenne locale de l'association. Une pétition est rapidement lancée et largement partagée sur les réseaux sociaux. Le préfet est interpellé par l'évêque du diocèse ainsi qu'un député de la circonscription. Durant près d'un mois, Eldhose ne peut plus se rendre au travail, de peur d'être arrêté et expulsé. Son employeur lui a pourtant rédigé une lettre de soutien, dans laquelle il souligne son importance dans l'équipe, dans un secteur où les restaurateurs peinent à recruter.

Sur le chemin de la Grâce de Dieu aux locaux de la Cimade, au centre-ville de Caen, Elgi et Eldhose aperçoivent plusieurs fois des voitures de police. L'angoisse d'être arrêté est toujours là. « Il y a beaucoup de policiers ces temps-ci », constate Elgi, qui dit avoir peur d'être contrôlée elle aussi, mais se rassure en portant son enfant dans ses bras. « Quand j'ai mon bébé avec moi, je me dis qu'ils ne m'arrêteront pas. Enfin j'espère. »

Lorsque je les rencontre fin août, ils sont presque tirés d'affaire. La mobilisation collective lancée par la Cimade ainsi que la médiatisation de l'affaire ont poussé le ministère de l'Intérieur à réagir. Le préfet du Calvados, qui restait jusqu'alors inflexible malgré les conditions de l'interpellation d'Eldhose et sa bonne insertion en France, a quitté ses fonctions courant juillet, refusant de faire « toute exception ». S'en est suivie une audience au tribunal administratif de Caen, pour l'étude du recours déposé par l'avocate d'Eldhose et de la Cimade, maître Sabine Wahab. Plus d'une centaine de personnes se réunissent devant le tribunal pour lui témoigner leur soutien. Mais la justice est venue valider l'OQTF et l'IRTF délivrées par les autorités, considérant que le cuisinier avait déjà reçu une OQTF par le passé – après que sa demande d'asile avait été rejetée – et qu'il ne s'était pas soumis à cette obligation de quitter le territoire français. Mais à l'époque, se justifie Elgi, le couple avait dû gérer ses problèmes de santé ; puisqu'elle avait été hospitalisée à la suite d'une erreur médicale. C'est finalement l'article de Mediapart, intitulé « Interpellé dans une église à Caen, un cuisinier indien sans papiers risque l'expulsion », qui permet de débloquer la situation. Tout en le rédigeant, je sollicite les services de la préfecture du Calvados, ainsi que le cabinet du ministère de l'Intérieur, pour leur poser plusieurs questions quant aux conditions d'arrestation d'Eldhose, mais aussi son parcours professionnel. L'homme était sur le point de pouvoir déposer une demande d'admission exceptionnelle au séjour en préfecture : en juillet 2023, il allait disposer de vingt-quatre fiches de paie, correspondant à deux années de travail en CDI dans le restaurant qui l'employait.

Alors que l'article a déjà été publié sur le site de Mediapart, le service communication du ministère de l'Intérieur me téléphone et m'assure qu'une réponse écrite me sera adressée d'ici la fin de la semaine. Nous étions le 16 août, soit trois jours après la publication de mon article. La préfecture n'avait quant à elle pas daigné me répondre. Mais, le jeudi suivant, elle m'apportait la réponse suivante : « En réponse à votre demande, je vous informe que le dossier de M. Kollinal a été réexaminé. L'OQTF a été retirée et l'intéressé a été invité à déposer une demande d'admission exceptionnelle au séjour, comme il en émettait le souhait. Cette demande sera examinée par les services à l'appui des pièces qu'il aura produites. » Je téléphone le lendemain à Elgi, l'informant de la nouvelle. Elle m'explique avoir reçu un appel de la préfecture du Calvados mercredi, lui proposant de venir déposer un dossier de demande de régularisation. « Mais j'ignorais totalement que l'OQTF avait été annulée », se réjouit-elle. C'est le soulagement. Eldhose peut se rendre de nouveau au travail sans craindre une arrestation ou une expulsion dans son pays d'origine.

Dans les locaux de la Cimade, le couple prépare son dossier de demande d'admission exceptionnelle au séjour avec l'aide d'une bénévole. Samuel, présent également, se réjouit de voir combien chaque document est consigné, soigneusement rangé dans un classeur par Elgi, dont les progrès en français ne cessent de se faire sentir. « C'est très important, le fait de réunir les documents permet de tracer une perspective », explique-t-il. Tout y est : les vingt-cinq fiches de paie d'Eldhose, son contrat de travail, son bail de location, la lettre de son employeur ainsi que le document Cerfa dûment rempli par ses soins, des courriers attestant de la bonne intégration du couple dans la vie locale, émanant de la communauté chrétienne et du tissu associatif… Mais aussi un courrier de la préfecture dont l'importance est de taille, l'arrêté préfectoral qui vient lever la décision d'OQTF et d'IRTF concernant Eldhose, en date du 16 août 2023, qui invite également son épouse à déposer une demande de titre de séjour. « Il ne nous manque plus que la lettre de motivation », sourit Elgi, qui en a déjà une ébauche rédigée en anglais, qu'il faut désormais traduire et éventuellement retravailler avec la bénévole qui suit leur dossier.

C'est ici qu'elle suit des cours de français depuis un an, dans le cadre des ateliers socio-linguistiques et d'alphabétisation proposés par la structure associative. Cette ancienne infirmière de profession se montre « très assidue » selon l'équipe encadrante, qui l'a vue s'investir dans le festival culturel Migrant'Scène, organisé à Caen en 2023. Eldhose a également préparé le repas pour l'événement. Plus en difficulté sur le français, il s'est mis à suivre les cours proposés par la Cimade au printemps 2023, et tente d'être le plus assidu possible tout en respectant ses horaires de travail. « La Cimade nous aide beaucoup », conclut Elgi, qui accepte de revenir quelques jours plus tard pour travailler sur la lettre dite « de motivation » tout en dodelinant de la tête, de gauche à droite, pour marquer son acquiescement à l'indienne. Elle espère, en plus de son emploi en tant que femme de ménage chez l'une des sœurs de la communauté, pouvoir suivre bientôt une formation et reprendre son métier d'origine. Après tout, la France a besoin d'infirmières et d'aides-soignantes, et elle bénéficie d'une expérience longue de douze ans. « Avant de quitter l'Inde, j'ai aussi travaillé au Koweït en tant qu'infirmière durant deux ans. J'aime mon métier, mais il me faut un titre de séjour pour pouvoir l'exercer en France. » Le couple a retrouvé espoir depuis que la préfecture lui a proposé de déposer une demande de régularisation. Il serait difficile, après la médiatisation de l'affaire, de lui refuser désormais un droit au séjour. Mais la Cimade reste sur ses gardes. « Nous restons pleinement vigilants et mobilisés afin que les demandes d'admission exceptionnelle au séjour d'Eldhose Kollinal et de son épouse puissent effectivement aboutir : la délivrance de ce type de titres de séjour est soumise au pouvoir discrétionnaire du préfet, le bout du tunnel est proche mais il reste encore une incertitude sur l'issue finale du dossier », rappelle-t-elle dans un communiqué diffusé fin août 2023.

Le cas d'Eldhose a suscité l'indignation chez une partie de l'opinion publique. D'abord, parce que l'arrestation est illégale. Ensuite, parce que c'est une OQTF de plus qui touche un étranger « honnête » et sans histoires. Comment les autorités françaises peuvent-elles vouloir expulser un étranger au parcours exemplaire, travaillant en CDI dans un métier faisant face à une importante pénurie de main-d'œuvre depuis deux ans, et sur le point de déposer une demande de régularisation par le travail ? Le simple résumé des faits sonne comme un gigantesque non-sens pour beaucoup, y compris les citoyens qui ne militent pas particulièrement en faveur de l'ouverture des frontières. En réalité, des milliers d'étrangers sont ainsi touchés par des procédures d'expulsion en France chaque année, bien qu'ils soient parfaitement « insérés » tant sur le plan social que professionnel dans notre pays. En 2022, la France a ainsi procédé à l'éloignement de 14 000 personnes en situation dite irrégulière. De plus en plus, les personnes immigrées présentes en France (lorsqu'elles ne sont pas naturalisées) conscientisent le fait de devoir constamment « convaincre » la préfecture de leur bon parcours et de leur bonne foi. Parce que l'administration fait d'elles ce qu'elle veut. C'est presque comme si elle détenait, estime Moussa, un droit de vie ou de mort sur elles, pouvant tout faire basculer du jour au lendemain.

« Ces agents, est-ce qu'ils ont un cœur ? » me demande-t-il, consterné, lorsque je le revois près de son domicile à Vitry-sur-Seine. « Ils sont tranquilles dans leur bureau à nous donner des OQTF. On dirait qu'ils ne se rendent pas compte des répercussions énormes que peuvent avoir leurs décisions sur nous. Quand tu reçois une OQTF, tu ne peux plus dormir, tu sors de chez toi en ayant peur que la police t'attrape et te renvoie dans ton pays. » Le jeune homme décrit le sentiment de honte qu'il éprouverait s'il était un jour expulsé ; après avoir tout sacrifié pour tenter de reconstruire une vie ailleurs. Ses proches ne comprendraient pas. Durant l'été 2023, sans qu'il sache bien pourquoi, l'un de ses collègues a été contrôlé par les forces de l'ordre à l'entrée du quai, alors qu'il se trouvait accompagné du chef de bord. Ce dernier a bien précisé que l'homme travaillait en tant qu'agent d'entretien dans le train, mais la police n'a rien voulu savoir. « C'était son premier jour, il n'avait pas de papiers et ne portait pas sa tenue de travail », explique Moussa dont le regard, fuyant et anxieux, traduit l'inquiétude. Lui fait toujours en sorte d'arriver en tenue de travail à la gare. C'est sa couverture. « Après, ils ont envoyé un message à toute l'équipe pour expliquer que personne ne pourrait plus monter dans les trains sans document d'identité. »

Pour l'instant, il n'a encore jamais été contrôlé. Être sans-papiers en France, c'est devoir vivre avec la conscience de pouvoir perdre son emploi du jour au lendemain ou d'être arrêté par la police dans la rue. Alors Moussa économise chaque mois. Il dit ne dépenser que ce qu'il faut pour le loyer et les courses alimentaires – son seul plaisir se résume à un compte Netflix, qu'il partage avec des amis pour en réduire le coût. Il veut pouvoir faire face si, un jour, un malheur lui arrivait. « Je sais que je suis irrégulier sur le sol français. Qui va m'aider le jour où j'aurai un problème ? » La préfecture de Nanterre, dans les Hauts-de-Seine, lui a brutalement rappelé sa situation via un courrier datant de septembre 2021, dans lequel elle rejette sa demande d'admission exceptionnelle au séjour et lui délivre en prime une OQTF. Le Malien bénéficiait pourtant de trois ans de présence en France, avec pour preuve son billet d'avion et le coup de tampon sur son passeport à son arrivée à l'aéroport de Paris, et de vingt-quatre fiches de paie correspondant à son premier emploi en CDI dans le restaurant de la Défense, en région parisienne.

En déposant son dossier en préfecture le 9 décembre 2020, accompagné d'une association d'aide aux étrangers, Moussa est confiant. Il a le document Cerfa dûment rempli par son employeur. Il travaille dans la restauration et ne compte pas ses heures, largement sous-estimées dans son contrat. Il a une sœur, habitant la région parisienne, et présente donc des attaches familiales en France. Il est en France depuis plus de deux ans comme l'exige la circulaire Valls pour les demandes d'admission exceptionnelles au séjour. Et pourtant. Le préfet lui rappelle qu'il s'est maintenu sur le territoire en situation irrégulière après que sa demande d'asile a été définitivement rejetée malgré une première OQTF lui ayant été délivrée en 2018. Puis qu'il a été embauché « en utilisant une fausse carte de séjour » tout en étant rémunéré en espèces – les versements reçus sur son compte bancaire ne correspondent pas à son emploi occupé en CDI mais à des missions intérim. Enfin,

Moussa est célibataire sans charge de famille, avec des attaches familiales dans son pays d'origine, où résident sa mère et son frère, et où il a vécu jusqu'à l'âge de 27 ans. « Ainsi Monsieur n'apporte pas la preuve de la réalité de liens personnels et familiaux établis en France qui seraient anciens, stables et intenses et ne peut donc utilement se prévaloir des dispositions des articles L.435-2 et L.423-23. »

Ce dernier point s'avère être un classique dans les courriers établis par les préfectures françaises lorsqu'elles souhaitent argumenter en faveur de l'expulsion d'un « étranger en situation irrégulière ». Et d'ajouter, un peu plus loin : « Après examen approfondi de la situation administrative et personnelle de Monsieur, il apparaît qu'il ne peut bénéficier d'une mesure de régularisation à titre discrétionnaire. » Moussa doit encaisser la nouvelle. Celle-ci a des effets dévastateurs : il perd son emploi, perd confiance en lui, perd espoir. « Sur le moment, je ne comprends pas. La loi dit qu'on doit ramener des fiches de paie pour être régularisés, mais pour avoir des fiches de paie, on nous demande d'avoir les papiers. Et quand on y parvient, on nous donne une OQTF… », pointe-t-il. Lorsque je le revois près de son domicile à Vitry-sur-Seine, il dégaine son téléphone portable, relisant attentivement une publication trouvée la veille sur un groupe Facebook dédié à la communauté sans-papiers en France, visant à partager des retours d'expérience. En quelques lignes, un homme relate ses récentes mésaventures avec la préfecture des Yvelines. « Il en est à sa deuxième demande d'admission exceptionnelle au séjour. La préfecture l'a rejetée au motif qu'il n'a pas d'attaches familiales en France, alors qu'il respectait les critères liés au travail », décrit Moussa, abasourdi. L'homme s'est vu délivrer, en plus de ce refus, une OQTF doublée d'une IRTF. En d'autres termes, il doit quitter la France pour ne plus revenir. « Ils nous poussent à faire des enfants ici. » Cette phrase résume à elle seule les politiques contre-productives mises en place par l'État français. Moussa développe son propos : si l'admission exceptionnelle au séjour existe et qu'une régularisation est possible par le travail, en apportant toutes les preuves de son insertion professionnelle, pourquoi diable l'administration française s'entête-t-elle à réclamer des attaches familiales également ? « Même si le dossier est bon, ils cherchent le petit truc qui va leur permettre de dire non. » Lui-même s'est entendu dire, de la bouche de l'avocat qui le défendait lorsqu'il a contesté le rejet de sa demande au tribunal administratif, que la seule solution était de se marier avec une Française. Mais lui refuse de se marier « pour les papiers ». Sa situation administrative empiète déjà sur ses relations amoureuses. À plusieurs reprises, des femmes qu'il fréquentait l'ont accusé de vouloir profiter d'elles pour parvenir à être régularisé.

Dans son sac à dos, il déniche un épais dossier qu'il pose délicatement sur la table qui lui fait face. L'ensemble de sa vie en France est consigné là-dedans. Son billet d'avion. Ses différents contrats de travail. Tous ses bulletins de paie depuis mars 2020, date à laquelle il débute aux côtés de l'agence intérim qui l'emploie en tant qu'agent d'entretien. Il dit n'avoir jamais cessé de travailler. C'est d'ailleurs ce qui lui fait « le plus mal ». Tout le monde a droit à des congés payés ; lui non. Il enchaîne les contrats avec l'agence intérim et n'y a donc pas droit. En septembre 2023, il prend deux semaines de vacances pour se reposer : même l'agence a insisté. Il n'avait pas pris de congés depuis décembre 2022, et à l'époque, il n'avait pris qu'une semaine. « Les congés c'est bien, mais on doit continuer de payer le loyer et de manger », souligne-t-il. « Je travaille dur, sans savoir si demain on va m'arrêter. Quand je reçois un coup de fil de l'agence intérim, ça me fait peur, je me dis qu'ils vont peut-être m'arrêter à cause des papiers. »

Début 2023, Moussa s'est rapproché de la Coordination des sans-papiers de Paris (la CSP75) pour tenter d'obtenir le soutien de la communauté dans ses démarches de régularisation. Celle-ci a ses « entrées » à la préfecture de Paris et a pour habitude de défendre certains cas auprès des agents. « Le représentant du collectif m'a conseillé de demander le document Cerfa à l'agence intérim, mais j'ai peur qu'ils refusent et qu'ils me virent. » Son autre inquiétude concerne l'IRTF qui lui a été délivrée en même temps que l'OQTF en septembre 2021. « Je ne savais même pas ce que c'était, j'ai jeté le document. » Si l'OQTF a une durée de vie d'un an, au-delà de laquelle elle devient caduque, la situation peut être plus complexe s'agissant d'une interdiction de retour sur le territoire français. « La CSP75 a attiré mon attention là-dessus et m'a dit que ça pourrait compliquer les choses en préfecture. Quoi qu'il en soit, il me faut le document Cerfa de l'employeur. » Moussa doit encore trouver le « courage » de le lui demander. L'un de ses collègues, sans-papiers lui aussi, en aurait fait la demande un an plus tôt. L'agence aurait accepté de le lui fournir sur le moment, mais reste étrangement silencieuse depuis. En juillet 2023, Sara, la Vénézuélienne, dépose elle aussi une demande de régularisation auprès de la préfecture du Val-de-Marne. Il s'agit de sa toute première demande, après six années passées en France. Elle est accompagnée de Fabien, un bénévole du collectif « Fontenay diversité » – qui regroupe l'association de soutien aux étrangers val-de-marnais, la Ligue des droits de l'homme et

Réseau éducation sans frontières (RESF) –, qui la suit déjà depuis plusieurs années. À son arrivée en France et en région parisienne, ce dernier se trouve être professeur dans l'école où Sara inscrit son fils, à Fontenay-sous-Bois, alors qu'elle est encore hébergée par sa mère. C'est ce même bénévole qui a aidé sa sœur aînée lors de sa demande de régularisation également. « On a déposé le dossier avec le motif "enfant scolarisé en France" », me rapporte-t-elle lorsque je la rencontre dans sa commune, à Saint-Maur-des-Fossés. La procédure est complexe : le moindre détail peut avoir son importance aux yeux de l'administration. La jeune femme a dû regrouper toutes ses fiches de paie relatives à son emploi à temps partiel en tant qu'auxiliaire de vie, son contrat de location, ses factures d'électricité à son nom, ses relevés bancaires, les preuves de sa présence en France depuis au moins cinq ans, l'acte de naissance de son fils traduit en français… « La préfecture doit avoir des éléments pour chaque mois de l'année, c'est difficile d'avoir tout ça. »

Pour tous les petits boulots qu'elle fait « à droite à gauche », qu'il s'agisse de ménages, de gardes d'enfants ou d'extras en restauration, Sara n'a pas de fiches de paie. C'est déjà dur, relève-t-elle, de trouver un emploi déclaré lorsque l'on est sans-papiers. Et la simple ouverture d'un compte bancaire courant peut relever du parcours du combattant, puisque peu de banques acceptent d'ouvrir un compte à un étranger qui ne dispose pas de titre de séjour en France. Sara a conscience de la difficulté d'être régularisée aujourd'hui. C'était bien plus facile du temps de sa mère et de ses sœurs, estime-t-elle. « L'État a beaucoup durci les choses, donc je ne sais pas si ça marchera. » Elle rêve du jour où elle obtiendra le récépissé. Ce jour-là, me dit-elle, elle criera « comme une folle ». Elle laissera les chatouilles envahir son corps et sa joie exploser. Ce jour-là sera synonyme de délivrance. Elle évoque cet ami, « immigrant illégal » venu du Venezuela et habitant l'Espagne, qui ne cesse de l'inviter à venir lui rendre visite. « Mais je ne peux pas voyager, je ne peux pas prendre le train, je ne peux pas prendre le risque d'un contrôle », résume-t-elle. Prendre ce risque pourrait réduire à néant toutes ces années de travail et de présence en France, la contraignant à tout recommencer. Elle refuse de tout perdre et veut se laisser toutes les chances de réussir, par ses propres moyens. Mais, lorsque je la retrouve quelques semaines plus tard, c'est la douche froide. Sara a enfin reçu une réponse de la préfecture du Val-de-Marne, qui décide de rejeter sa demande de régularisation. Elle doit encore s'armer de patience, apporter toujours plus d'éléments venant démontrer sa bonne insertion en France. Mais elle échappe à l'OQTF ; sans doute parce qu'elle a un fils, sans doute parce que celui-ci est scolarisé, comme le démontrent les documents transmis à l'administration. « Ce n'est pas grave », soupire-t-elle. Sa voix douce est brisée, mais elle se raccroche à ses rêves. Elle dit avoir la foi et de l'ambition : elle ne veut pas « finir femme de ménage ». Ce sont ses mots. Le métier est trop dénigré, elle a vécu « trop de difficultés ». Elle ne veut plus être négative comme elle a pu l'être à son arrivée en France, et bien qu'elle tombe encore aujourd'hui sur « des gens mauvais », elle tient le coup. Elle élève son fils en lui apprenant à être combatif. « Je lui dis que s'il veut évoluer dans la vie, il doit commencer par faire son lit en se levant le matin. »

Ce mur de la préfecture, qui se dresse devant nombre d'étrangers résidant en France, Yao a dû lui aussi y faire face, à deux reprises. En février 2022, il adresse une demande d'admission exceptionnelle au séjour à la préfecture du Vaucluse, faisant valoir le pacs concrétisé avec sa compagne un an plus tôt, ainsi que plusieurs fiches de paie correspondant à des emplois ponctuels occupés dans la région. Il reçoit un courrier de l'administration qui réclame des pièces complémentaires – la copie de son passeport togolais et les documents administratifs sur lesquels figurent leurs deux noms sur les douze derniers mois. Puis plus rien. « Je leur ai envoyé un courrier plusieurs mois plus tard pour savoir où en était ma demande, mais je n'ai jamais eu de réponse. » Au-delà d'un certain temps, le silence de la préfecture vaut refus implicite de la demande. Entre-temps, il se rend en Italie, où il a vécu deux ans après avoir entrepris la dangereuse traversée de la Méditerranée depuis la Libye, et où il bénéficie d'un titre de séjour temporaire le temps du recours déposé pour contester le rejet de sa demande d'asile là-bas. Il est contrôlé par les forces de l'ordre dans le train, à la frontière franco-italienne. « C'était musclé. J'ai expliqué que je me rendais en Italie pour renouveler mon titre de six mois, mais ils ne voulaient rien savoir. » La situation se calme lorsqu'il explique s'être pacsé en France. Il échappe à une interpellation et une probable OQTF. Yao se résout à patienter quelque temps avant de retenter sa chance. Il dépose un second dossier pour une demande de régularisation le 21 avril 2023. Cette fois, il tente de constituer un dossier aussi complet que possible, en rassemblant un maximum de documents afin d'éviter que des pièces complémentaires ne lui soient réclamées. « J'ai l'honneur de solliciter de votre haute bienveillance mon admission au séjour et la délivrance d'un titre de séjour portant mention vie privée et familiale », clame-t-il dans son courrier adressé à l'administration française. La réponse de la préfecture tombe deux mois plus tard et se traduit par un nouveau rejet de sa demande : les éléments produits par le couple « pour établir l'effectivité de sa cellule familiale » ne permettent pas « d'établir l'existence d'une communauté de vie intense, ancienne et stable sur le territoire français avec sa partenaire », estime le bureau de l'immigration et de l'asile de la préfecture du Vaucluse. Yao est noyé dans l'incompréhension. Il s'est tant investi dans cette relation. Lui et sa compagne se sont rencontrés en 2020, grâce à une connaissance commune. Yao vient de passer une année à Paris et décide, après le premier confinement dû au Covid-19, de venir passer des vacances à Avignon. Un ami togolais, marié à la présidente d'une association culturelle locale, la lui présente alors. « Je passe le deuxième confinement à L'Isle-sur-la-Sorgue », se souvient-il. Des liens de plus en plus forts se créent, ils s'installent ensemble au domicile de sa conjointe. Elle est agricultrice et il lui propose, naturellement, de l'aider à labourer ses champs agricoles. Ils décident de se pacser en mars 2021, mais la relation devient de plus en plus complexe. « J'ai eu l'impression qu'elle ne voulait pas m'aider dans ma demande de régularisation. Elle a refusé que l'on fasse certaines démarches ensemble, comme la déclaration d'impôts ou le compte joint à la banque. C'est comme si elle ne me faisait pas confiance », regrette-t-il. Ce nouveau rejet de la préfecture pourrait s'expliquer, selon lui, par des documents manquants venant attester de leur vie commune, qu'elle aurait refusé de fournir. Yao se dit inquiet pour l'avenir. Son titre de séjour italien a expiré sans qu'il puisse le renouveler. « La directrice du supermarché m'a fait signer un CDI », me raconte-t-il, avec une grande fierté, début octobre 2023. S'il travaille aujourd'hui au sein des magasins U, tout en étant déclaré, il voudrait éviter de devoir attendre d'avoir en sa possession vingt-quatre fiches de paie pour pouvoir déposer une troisième demande d'admission exceptionnelle au séjour par le travail. Il a choisi de saisir la justice pour contester cette nouvelle décision de la préfecture à l'aide d'une avocate. L'audience s'est tenue au tribunal administratif le 4 octobre 2023. « Mon avocate a envoyé des documents complémentaires, j'aurai la réponse en fin d'année », m'annonce-t-il deux semaines après l'audience. Pour beaucoup, aujourd'hui, la préfecture est synonyme de violence institutionnelle. Une machine à broyer qui répond de plus en plus à une politique du chiffre insufflée par le ministère de l'Intérieur, loin de la réalité du terrain, loin de l'humain et loin de nos besoins.

Les OQTF pleuvent chaque jour dans nos départements, venant briser des parcours parfois exemplaires et des familles dont les enfants sont scolarisés et présentent un avenir prometteur. Plus de 120 000 OQTF ont été délivrées en 2021 ; 902 954 sur la dernière décennie. Les chiffres sont terrifiants. La préfecture est désormais redoutée de toutes et tous : le pouvoir discrétionnaire du préfet a pour conséquences de créer de fortes inégalités selon les territoires. Son manque de moyens humains et matériels rallonge la durée des procédures, laissant les personnes étrangères attendre plusieurs mois, voire des années, pour obtenir un simple rendez-vous ou obtenir le traitement de leur dossier. La seule mesure proposée par les dirigeants est celle de la dématérialisation, qui vise à promouvoir largement le « tout en ligne » pour éviter les dossiers adressés par courrier, tout comme les longues files d'attente observées aux abords des préfectures françaises au cours des dernières années, poussant des centaines de personnes à se présenter au beau milieu de la nuit pour attendre l'ouverture en espérant être reçues par un agent. Un véritable déshonneur pour la France. Désormais, les usagers des préfectures patientent, seuls face à leur désarroi, derrière leur écran d'ordinateur ou de téléphone. Certains passent des heures à actualiser la page internet de l'administration dans l'espoir d'obtenir un rendez-vous ou de déposer une demande de titre, ou de naturalisation, en ligne. En 2020, l'association d'aide aux étrangers la Cimade est allée jusqu'à créer un robot en ligne permettant de détecter les rendez-vous disponibles et de prévenir les intéressés dans la foulée, de sorte d'aider les plus démunis à réaliser leurs démarches. Des trafics de rendez-vous sont nés. Des personnes en situation dite régulière, disposant donc d'un titre de séjour, se retrouvent brutalement sans papiers en France alors qu'elles peuvent prétendre à un renouvellement de leur document. Certaines perdent leur emploi du jour au lendemain parce que leur employeur ne peut plus attendre que leur titre soit délivré, au risque de se mettre dans l'illégalité en embauchant un travailleur dénué de titre de séjour. D'autres continuent de travailler malgré les risques que cela peut impliquer. Ces innombrables obstacles poussent certains à s'orienter vers des « pousse-papiers » : des avocats, mais aussi parfois de simples citoyens engagés, qui accompagnent les étrangers en préfecture dans l'objectif de leur apporter un soutien juridique et administratif.

« On a commencé à voir ça dans les années 1990 », se remémore Stéphane Maugendre, avocat spécialiste du droit des étrangers, également membre du Gisti. « Avant, il n'y en avait pas besoin, parce que les agents au niveau des guichets ne considéraient pas que l'accueil des étrangers était une sanction déguisée. » Les fonctionnaires étaient plus humains, tranche-t-il. Durant des années, l'avocat se refuse à accompagner d'éventuels clients en préfecture, considérant que cela revient à « se compromettre avec l'éventuel adversaire », qu'il peut être amené à affronter au tribunal en cas de recours. Mais il change d'avis lorsqu'il constate que les préfectures commencent à refuser les demandes de titre de séjour que son cabinet envoie par courrier. L'administration exige le dépôt en présentiel. « L'une de mes collaboratrices en droit des étrangers m'a dit un jour qu'il n'était plus possible de tenir cette position. » Les clients dont elle traite les dossiers demandent à être accompagnés, pour une multitude de raisons : barrière de la langue, crainte du face-à-face avec l'administration, appréhension à l'idée d'oublier une pièce essentielle au dossier, ignorance du droit, refus catégorique des agents de prendre certains documents pourtant importants… « Il y a aussi le téléphone arabe, qui dit qu'avec l'aide d'un avocat, cela maximise les chances de voir sa demande acceptée. » Ses collaborateurs se rendent alors régulièrement en préfecture pour assister leurs clients. Stéphane Maugendre n'y va que deux fois, essayant tant bien que mal de garder sa position de départ. « C'est très hypocrite, puisque j'envoie mes collaborateurs à ma place », rit-il. L'un des dossiers pour lesquels il fait le déplacement concerne une demande d'admission exceptionnelle au séjour au titre du travail, déposée à la préfecture du Val-d'Oise. Il ne peut s'empêcher, bien qu'il précise ne pas vouloir généraliser, de voir combien les agents sont « exécrables » à l'endroit des usagers étrangers. « Ce jour-là, c'était lunaire. Je me suis assis près de mon client, derrière la vitre du guichet, en me présentant et en tendant ma carte de visite. La guichetière ne nous a pas regardés une seule fois. » Dans le dossier, il remarque que l'une des années de travail a été inversée. À ce jour, il estime aberrant que des personnes étrangères ressentent le besoin d'être accompagnées en préfecture. Cela signifie, à ses yeux, que la charte Marianne n'est pas respectée, et que les pousse-papiers doivent « organiser » le travail de la préfecture, en prenant le soin de trier le dossier de la demande du requérant en amont du rendez-vous. « Ça veut aussi dire que les personnes étrangères, qui plus est sans papiers, ne se sentent pas suffisamment à l'aise pour affronter l'administration. Qui ressent le besoin d'être accompagné pour demander une carte d'identité en France ? C'est un immense échec. » Son travail, en tant qu'avocat, est de vulgariser au maximum le droit auprès de ses clients. Distinguer ce qui relève de la loi et ce qui relève de la circulaire, qui reste donc à l'appréciation du préfet. « On construit un dossier solide, celui qui va sortir du lot et venir apporter la preuve d'une vie sociale, d'une réalité, d'une histoire vivante. » Aux sans-papiers, l'avocat conseille toujours d'accumuler le plus d'éléments prouvant le caractère continu de leur séjour en France. Cela demande parfois de l'inventivité, comme lorsqu'il s'appuie sur l'historique des films vus au cinéma via un abonnement en salle, ou encore sur l'historique des courses alimentaires faites chaque semaine, retrouvé grâce à la carte de fidélité du supermarché. « Ça montre l'importance de les faire parler, parfois longtemps, pour qu'ils nous livrent le moindre détail susceptible de changer la donne. »

Les pousse-papiers doivent aider les étrangers à construire un dossier « béton », qui rentre dans les cases une fois déposé en préfecture. Mais avec la dématérialisation des procédures, leur rôle est amené à évoluer chaque année. Désormais, avocats et solidaires doivent apprivoiser les sites internet des préfectures, qui ne fonctionnent pas tous de la même manière. Ils s'adaptent aux prises de rendez-vous en ligne et aux démarches dites simplifiées. L'avocat revient sur ce cas récent de conjoint de Français, ayant déposé sa demande via son compte « Anef ». « Son titre était censé être en cours de préparation », commente Stéphane Maugendre. Mais le monsieur reçoit un SMS de l'administration l'informant que sa demande « a été clôturée » et que son compte d'accès « est temporairement supprimé ». Il doit redéposer une demande, mais lorsqu'il se rend en préfecture, l'agent qui le reçoit déclare qu'il n'a pas trace de son dossier. « J'ai aussi eu le cas d'un artiste assez connu qui n'a toujours pas reçu son titre de séjour alors que son récépissé a expiré. Il m'a appelé la veille de l'expiration du récépissé, ça faisait un peu tard. » Le comédien s'apprête à signer avec une grosse boîte de production pour un tournage, mais se retrouve sans-papiers malgré lui.

CHAPITRE 6

Des rêves et des désillusions

« Pourquoi ils nous traitent comme ça ? » interroge Sabine tout en marchant dans les rues de Paris pour rejoindre le domicile d'un « patient », dans le XIIe arrondissement, chez qui elle doit faire le ménage et un peu de rangement ce jour-là. Lorsqu'elle sonne à l'interphone, elle sait que celui-ci va descendre pour venir la chercher. « Il fait toujours ça. Il ne m'ouvre jamais pour que je monte directement », sourit-elle. La cinquantaine, les cheveux grisonnants, l'homme la surnomme « ma belle » et lui fait la bise. Sabine n'a de cesse de le répéter, elle aime son métier. Mais elle ne comprend pas pourquoi il est si difficile de vivre et travailler en France lorsque l'on est étranger. « Tout est difficile. On est là, on a envie de travailler, la France a besoin de nous pour faire ces métiers mais on ne nous donne pas les papiers. »

Lorsqu'elle quitte la Côte d'Ivoire en 2016, elle n'imagine pas le parcours du combattant qui l'attend. « J'ai laissé mes enfants à ma mère, mais elle est décédée deux mois après mon arrivée en France. » Sabine doit alors les confier « à gauche à droite », le plus souvent à des amies. « Mais ce n'est pas évident. » Il faut subvenir à leurs besoins tout en étant à des milliers de kilomètres d'eux. Avant de gagner l'Europe, elle passe par la Tunisie où elle vit durant deux ans, le temps de renflouer les caisses pour payer la suite de son voyage. Dans un paysage entouré par la mer, dans les villes de Laouna et de la Marsa, elle travaille en tant que masseuse dans les hammams visités par de nombreux touristes. « Mon intention était de faire la traversée pour venir en Europe », admet-elle. C'est là qu'elle choisit de s'installer pour un nouveau départ. Elle prend la mer depuis Sfax, à bord d'une embarcation faite de bois, en direction de la petite île italienne de Lampedusa. Encore à ce jour, ce souvenir la hante. Le bateau surchargé. La peur que le conducteur ne sache pas s'orienter et les fasse dériver. La vue de ces vagues venant cogner contre la coque de l'embarcation, lui remuant l'estomac qui se tord désormais de douleur. Sa vision est trouble, elle tente de résister à cet état second qui cherche à s'emparer de chaque partie de son corps. Jusqu'à cet instant précis, où tout bascule sous ses yeux. L'eau s'infiltre dans le bateau. Des personnes tombent à l'eau. « J'ai vu plein, plein de morts en mer. Je ne pourrai jamais oublier ça. »

Ce qu'elle a vécu, elle ne le souhaite pas à son pire ennemi. Sa seule satisfaction réside dans le fait d'avoir épargné une telle épreuve à son fils aîné, venu la rejoindre en France début 2023 pour l'aider à subvenir aux besoins de ses frères et sœurs. « Il a pu obtenir un visa étudiant et il est resté ensuite. Au moins, il n'a pas traversé la mer. » Sabine choisit la France pour la langue française, qu'elle maîtrise à la perfection. Comme elle, des milliers d'exilés originaires de pays subsahariens, anciennes colonies françaises, finissent par rejoindre le sol français en traversant la frontière franco-italienne après avoir débarqué à Lampedusa, le plus souvent en passant par Vintimille et la vallée de la Roya. Elle rejoint Paris en novembre 2019, l'esprit et le corps marqués par les traumatismes, avec l'espoir pour seule bagage. Son but est de travailler et d'envoyer une partie de son salaire à ses enfants restés au pays. Elle aimerait tant qu'ils puissent la rejoindre. « Quand je vois à quel point c'est difficile d'obtenir ses papiers, ça me paraît impossible », soupire-t-elle.

Yao, lui, n'avait même pas l'intention d'aller en Europe. Il fait partie de ces migrants poussés sur les chemins de l'exil sans vraiment savoir où ils termineront leur course ; ceux qui n'ont pas vraiment de destination en tête ; ceux qui partent du jour au lendemain pour fuir un danger qui ne leur laisse d'autre choix que de migrer. Lorsqu'il fuit le Togo en 2017, il a une vie. Une vie de celles que l'on ne quitterait pour rien au monde : il exerce le métier de guide auprès des touristes venus découvrir son pays, et il enseigne aussi la musique, qu'il pratique depuis sa tendre enfance. « Ma mère chantait et dansait, c'est elle qui m'a transmis ça. » À l'âge adulte, il est régulièrement sollicité pour intervenir dans les fêtes de mariage ou de baptême. Il enchaîne les concerts, se met à former des jeunes. « C'est quelque chose qui me colle à la peau. De toute façon au Togo, il te suffit de marcher dehors pour tomber sur des artistes de rue et te mettre à danser. » Avec le temps, Yao est aussi invité à jouer à l'occasion de meetings politiques dans lesquels il développe sa propre vision du pays. « J'ai commencé à avoir des problèmes avec les militants du parti politique qui est actuellement au pouvoir au Togo. Ces gens-là, ce sont des fous. » Un jour de mars, il apprend de source sûre qu'il court un grand danger. Une connaissance l'aide à quitter le pays pour se réfugier au Niger, où il se rend en bus. Il y reste un temps et travaille comme chauffeur de taxi. L'un de ses amis, qui vit là mais a pour habitude d'aller travailler en Libye, lui propose de l'accompagner pour travailler un temps dans le secteur du bâtiment. Mais, les migrants subsahariens étant particulièrement ciblés dans ce pays, ils sont kidnappés, retenus dans un centre de détention non officiel, puis contraints de travailler gratuitement dans des champs de dattes pour les récoltes. « Ils ne nous payaient pas. Je me suis retrouvé dans une cellule où, par la grâce de Dieu, les gens avaient payé une caution pour pouvoir sortir et voyager vers l'Europe[1]. Des hommes sont venus nous chercher au beau milieu de la nuit, je ne savais même pas où on allait. » Lui et ses voisins de cellule sont alors cachés dans une benne, en position allongée, recouverts d'un tissu. Ils sont acheminés vers la mer, où ils patientent jusqu'à l'aube. « J'ai vu des hommes apporter une barque en bois, ils nous ont mis dedans. Nous étions trente-six dont des femmes et deux enfants. » Jamais, dit-il, il n'aurait pensé un jour rejoindre l'Europe. Yao fait la traversée, malgré lui,

1. Dans le contexte de la détention arbitraire en Libye, dans des centres totalement informels tenus parfois par des milices, les migrants ou leurs proches sont souvent amenés à payer des rançons pour pouvoir être libérés ; et éventuellement faire la traversée vers l'Europe. Des témoignages montrent régulièrement que certaines personnes se retrouvent acheminées à leur insu vers les lieux de départ par la mer, notamment à la sortie des centres de détention, et rejoignent ainsi l'Europe sans même en avoir eu l'intention. Une partie d'entre eux fait le voyage uniquement pour fuir les violences subies en Libye : en 2018, Vincent Cochetel, envoyé spécial du Haut-Commissariat aux réfugiés des Nations Unies pour la Méditerranée centrale soulignait ainsi que 64 % des personnes arrivées en Libye s'y trouvaient pour travailler, sans aucune intention de poursuivre plus loin leur parcours migratoire.

le 22 mai 2017. « Je n'avais même pas l'intention d'aller en Europe », répète-t-il. Le quarantenaire raconte son périple à bord de cette embarcation surchargée, laquelle rencontre des difficultés à maintenir le cap en direction de Lampedusa. Yao est envahi par la peur ; la peur de mourir là, dans l'indifférence, sans que son corps ne soit jamais retrouvé. Sur sa peau, il inscrit au stylo le prénom de ses enfants. S'il vient à périr en mer et que son corps réapparaît, ce sera là le moyen de l'identifier, songe-t-il. Le calcul est mauvais. Car même lorsqu'un corps est repêché, la peau est souvent rongée par le sel de la mer et grignotée par les poissons, rendant l'identification extrêmement compliquée. Après dix heures de navigation en haute mer, lui et les autres passagers sont secourus par « les Allemands ». Yao ne se souvient plus du nom de l'ONG ou du bateau de sauvetage, peut-être le *Sea-Watch* ou l'*Aurora*, deux navires humanitaires parmi d'autres présents en Méditerranée centrale pour porter secours aux exilés en détresse en mer. « On a passé trois jours avec eux jusqu'à ce qu'on arrive en Italie. Là, ils ont pris nos empreintes pour la demande d'asile. » Il ne le voulait pas. Il est convoqué pour un entretien au cours duquel il comprend qu'il n'a pas assez de preuves pour convaincre son interlocuteur du danger qu'il encourt dans son pays. « Ils ont rejeté ma demande, alors j'ai déposé un recours avec l'aide d'une avocate. Et cette fois, j'ai essayé de regrouper un maximum d'éléments. » Entretemps, soit deux ans après son arrivée en Italie, il décide de partir vivre s'installer en France sans avoir encore obtenu une réponse s'agissant de son recours. La France, le pays des droits de l'homme, lui permettra de se reconstruire. Un pays dont il partage la langue – cette langue française qu'il aime tant – et où il sait qu'il pourra jouer de son art en toute liberté. Peu après son arrivée, un percussionniste rencontré par hasard lui suggère de tenter sa chance à Paris. « J'avais aussi mon frère et sa femme là-bas, alors je me suis dit pourquoi pas. » Il s'installe à Bussy-Saint-Georges, en Seine-et-Marne, et donne des cours de danse pour une association dépendant de la ville de Cachan, qui finance l'un de leurs projets artistiques. « Mon ami a dit à la mairie que j'étais sans-papiers, ils ont répondu qu'ils s'en fichaient, ils voulaient mes compétences. » La collectivité s'arrange pour virer l'équivalent de son salaire à l'association, qui le lui reverse en espèces par la suite. L'aventure dure un an. Puis les premières désillusions font leur apparition. Yao est contraint de s'orienter vers des « jobs alimentaires », au noir et payés au lance-pierre. Il quitte la région parisienne pour rejoindre Avignon, pour la commune de L'Isle-sur-la-Sorgue, et survit de petits boulots en petits boulots. « J'avais une réputation au pays. Et me voilà qui galère ici. Ça me fait rire quand j'y pense, parfois. » Ses grands yeux noirs s'écarquillent au prononcé de ces mots. Il esquisse un sourire gêné. C'est un sourire que je connais trop bien. Celui qui traduit à la fois des regrets, de la déception et de la résilience.

Je retrouve le même sur le visage d'Elgi, la compagne d'Eldhose, lorsqu'elle revit leur départ de l'Inde pour rejoindre l'Europe en 2020. Le couple n'en était pas à sa première expérience à l'étranger. Mais jusqu'ici, il s'agissait surtout de se rendre dans un pays en tant que travailleur migrant pour revenir ensuite en Inde. « Cette fois, on a dû quitter définitivement notre pays. On a vendu la maison d'Eldhose pour pouvoir payer le voyage… » La trentenaire lève les yeux au ciel pour faire le compte. 20 × 1 200. « Oui, ça fait 24 000 euros », dit-elle, relevant les sourcils pour s'indigner de la somme que cela représente. Le couple doit fuir parce que la famille d'Eldhose refuse leur union. Ils sont par ailleurs chrétiens, une communauté peu appréciée dans leur pays d'origine. « Ça devenait de plus en plus compliqué pour nous, alors on a voulu prendre un nouveau départ. » Ils doivent laisser derrière eux leur fille, Jewel, que les grands-parents maternels prennent en charge. L'agence de voyages, qui s'apparente plutôt à une entreprise de passeurs, s'arrange pour leur organiser le trajet jusqu'à Paris. Là, un homme doit les attendre pour les acheminer jusqu'au Portugal, le pays où ils étaient censés s'installer. Celui-ci ne viendra jamais au rendez-vous. « Ils nous ont arnaqués. On leur a donné beaucoup d'argent et ils n'ont pas tenu leur promesse », soupire Elgi. Après trois années passées sur le territoire français, à survivre de logements insalubres en foyer pour sans-abri de Caen, à apprendre le français, à s'impliquer sans compter au sein de la paroisse locale, elle refuse de partir. « Quand Eldhose a été arrêté et a reçu l'OQTF, j'ai bien cru que tout allait s'arrêter. Mais on ne peut pas quitter tout ce qu'on a construit ici comme ça. Maintenant, la France est notre pays », dit-elle, consciente que l'administration ne l'entend pas ainsi. Elle aimerait simplement pouvoir travailler et reprendre son métier d'origine, celui d'infirmière. Elle aimerait pouvoir vivre sereinement sur le sol français, en disposant des documents d'identité adéquats. Elle aimerait ne pas être effrayée à la seule vue de la police lorsqu'elle se promène dans les rues de Caen. Mais au lieu de cela, elle serre son bébé très fort contre elle dans l'espoir que les policiers n'approcheront pas une mère, peu importe sa couleur de peau. Eldhose n'imaginait pas combien cette nouvelle vie serait difficile à arracher. Il se lève chaque jour pour elle, pour leur bébé et pour celui qu'ils viennent de mettre en route, conscient de porter une lourde responsabilité ; celle de leur insertion dans ce pays d'accueil. Plusieurs fois, face à l'adversité, Elgi a menacé de tout abandonner. « Eldhose a toujours fait en sorte de me redonner du courage, il a toujours promis de nous protéger. » De toute façon, où aurait-elle pu aller ? s'interroge-t-elle. Le couple retrouve un semblant de sérénité – et d'espoir – le 25 octobre 2023, après avoir envoyé par courrier son dossier de demande d'admission exceptionnelle au séjour à la préfecture du Calvados. S'il parvient à surmonter cette difficulté, leur seule priorité sera de récupérer leur fille Jewel, restée en Inde.

Les parcours d'exil sont jalonnés d'épreuves, toutes plus cruelles les unes que les autres. Mais la séparation des proches, en particulier des enfants, est sans doute l'une des plus terribles. Sara, l'employée de maison vénézuélienne, en est encore marquée à vif. Elle rencontre son ex-conjoint, le père de son fils, alors qu'elle n'a que 19 ans. Elle a quitté sa ville natale, Mérida, quelques années plus tôt pour travailler et aider sa famille. « Ma mère est partie pour la France, j'ai appris à me débrouiller seule. J'ai rencontré mon copain alors que je travaillais au casino », se remémore-t-elle. Lui est un travailleur migrant chinois installé au Venezuela. Elle tombe enceinte. Lorsque l'enfant atteint l'âge de onze mois, le couple décide de l'emmener en Chine afin qu'il rencontre sa famille paternelle. Sara prend alors la décision la plus difficile de sa vie. « Je l'ai laissé là-bas pour lui offrir une vie meilleure en attendant que je puisse moi-même migrer pour l'Europe. Je devais le récupérer au bout d'un an. » Mais de retour au Venezuela, la jeune femme voit son passeport expirer et ne parvient pas à le renouveler. Son pays est en crise, « rien ne fonctionne normalement ». Elle mettra quatre longues années à pouvoir le retrouver. « C'était très difficile car mon fils ne me connaissait pas. Il a grandi sans moi. » Durant deux ans et demi, ils apprennent à s'apprivoiser en Chine, où elle parvient à obtenir un visa, qu'elle doit renouveler chaque année pour environ 1 500 dollars. Elle décrit des conditions d'expulsion inhumaines, comme la fois où l'un de ses amis, vénézuélien également, a été placé en rétention et s'est vu raser la tête avant d'être mis dans un avion en direction de Caracas. En Chine, elle dégote un emploi dans un restaurant colombien où elle travaille seize heures par jour. Puis elle est recrutée en tant que professeure de sport. Ses économies lui permettent, en septembre 2017, de s'envoler pour la France et de rejoindre sa mère et ses sœurs, habitantes de Fontenay-sous-Bois en région parisienne. « Quand je suis arrivée en France, je savais que ce ne serait pas aussi facile que pour elles », confie Sara. Ce jour-là, son fils vient d'entrer au collège mais elle pense avoir stressé bien plus que lui, confie-t-elle dans un sourire. Âgé de 11 ans, il ne parlait que le chinois à son arrivée en France – le père a lui-même migré depuis la Chine vers le Venezuela, où lui et Sara se sont rencontrés. « Il a vite appris le français », se réjouit la jeune femme. Elle plus lentement, ce qui lui aura valu quelques déconvenues. Comme la fois où elle s'est présentée à l'hôpital pour faire soigner son fils, alors sujet à une grave crise d'asthme, et que l'établissement a refusé de le prendre en charge faute d'autorisation paternelle. « Je ne parlais pas bien français à l'époque et je n'arrivais pas à leur expliquer que je n'avais pas de papiers et que le père n'était pas en France », se souvient-elle. À la rentrée 2023, la jeune mère célibataire a dû trouver un nouvel emploi, les personnes âgées dont elle s'occupait étant parties finir leurs jours en Espagne auprès de leurs proches. Un petit boulot auquel viennent s'ajouter des heures de ménage ou des gardes d'enfants. Pour elle, le courrier de la préfecture a agi comme un véritable coup de massue. Mais Sara avait mal compris : il ne s'agissait pas d'un rejet de sa demande d'admission exceptionnelle au séjour mais d'une demande de complément de dossier. En somme, l'administration a besoin d'éléments complémentaires pour pouvoir statuer. Elle lui impose de renvoyer son dossier en janvier prochain, soit en 2024, alors qu'elle aurait pu envoyer les pièces demandées immédiatement.

« Pourquoi ce délai, je ne sais pas », commente Fabien, le bénévole du collectif Fontenay diversité, qui suit son dossier depuis le départ. Il s'agit principalement de « preuves de présence », telles que le certificat de scolarité de son fils, un document du médecin traitant attestant que le parent accompagne bien l'enfant aux rendez-vous médicaux ou encore un document de l'établissement scolaire selon lequel le parent va le chercher à la sortie des classes. « Ils réclament aussi toujours plus de fiches de paie, pour s'assurer du fait qu'elle a suffisamment de ressources et qu'elle ne vivra pas seulement des prestations sociales. » Mais son nouvel employeur, plus pointilleux que le précédent, lui a fait signer un premier contrat avant de s'apercevoir que le système Cesu imposait au travailleur de présenter un titre de séjour et à l'employeur d'en vérifier l'existence et l'authenticité. « Il s'est montré inquiet par rapport à ça, Sara m'a demandé de le rassurer. » Il y a toujours un risque, explique-t-il au bout du fil. Lui-même est hébergeur solidaire mais n'a jamais eu d'ennuis avec les autorités. L'employeur l'a gardée, mais n'a finalement pas modifié le contrat pour lui proposer davantage d'heures de travail comme initialement prévu. Pour Sara, c'est une nouvelle épine qui vient lui transpercer le pied. « Ce n'est pas facile, mais je m'accroche. Je le fais pour mon avenir et celui de mon fils. » Ils ne peuvent pas retourner au Venezuela, insiste-t-elle, même si au fond, elle rêverait de retrouver un jour sa terre natale. Son pays est plein de richesses mais il connaît une grave crise politique, subit l'inflation et manque de tout, éducation, accès à la santé… Sans parler de la corruption, venue piller le pays et anéantir le peu d'espoir qui subsistait sur la question du développement. « Rapidement après leur arrivée en France, les sans-papiers peuvent mesurer toutes les impossibilités que leur statut administratif implique », relève Stefan Le Courant, anthropologue et chargé de recherche au CNRS, dans son ouvrage *Vivre sous la menace. Les sans-papiers et l'État*. Le chercheur décrit la crainte des sans-papiers de tomber dans une forme d'« inexistence sociale » et le « péril que fait peser l'irrégularité de rester quelconque ». Parfois, face aux obstacles en tout genre mis en place par l'administration et l'État, c'est le grand désenchantement. « Jamais je n'aurais pensé que ce serait aussi compliqué de vivre en France sans avoir de titre de séjour. Et ça, on ne le sait pas forcément avant de partir », confie Moussa, l'agent de nettoyage des trains SNCF. « Rien n'est facile pour nous en France », complète l'un des hommes porteurs du magasin Leroy Merlin à Vitry-sur-Seine. À ses proches, qui ont suivi son périple jusqu'en Europe, il laisse croire que « tout va bien », conscient qu'une lourde responsabilité pèse sur ses épaules. Comme de nombreux autres sans-papiers présents en France, il envoie chaque mois une partie de son salaire pour faire vivre parents, frères et sœurs, enfants. Une « pression constante », relève Karine Gatelier, anthropologue et chargée d'action recherche au sein de l'association Modus Operandi

(Modop), à Grenoble. « Le fait de devoir aider leur famille au pays est bien plus difficile à vivre pour eux que d'être confrontés à la précarité. La rendre visible est une démarche compliquée et bien souvent, ils la dissimulent complètement à leurs proches restés dans le pays d'origine, ce qui crée d'ailleurs de nouvelles tensions car la famille n'est pas en mesure de se poser en soutien moral, n'ayant pas connaissance de la situation. » Stéphane Maugendre, ayant accompagné de nombreuses personnes dans leurs démarches de régularisation, se souvient de ce couple, dont la femme a essuyé un refus de la préfecture de Seine-Saint-Denis alors qu'elle aspirait à obtenir un titre de séjour « conjoint de Français ». Originaire d'un milieu aisé dans son pays d'origine, la Thaïlande, sa famille n'a pas été en mesure de comprendre la situation. « La jeune femme est tombée en dépression et a été hospitalisée, à cause du rejet de sa demande. Le couple a été contraint d'annuler son mariage à l'étranger, étant dans l'incapacité de voyager. Cela a gâché son mariage, sa vie de couple, ses relations familiales », résume l'avocat, également membre du Gisti. Ici, il ne s'agit plus seulement de désillusion mais de « ressentiment » face à une maltraitance institutionnelle qui ne dit pas son nom. Il faudra, pour ce couple, saisir le tribunal administratif à trois reprises : d'abord pour un référé suspension, puis un recours au fond. « On a gagné les deux fois. » Pour obtenir un rendez-vous en préfecture, enfin. « Alors même que la justice lui donnait raison, elle était dans l'incapacité de trouver un rendez-vous pour redéposer un dossier. » Ces multiples procédures auront coûté 3 000 euros à la préfecture, précise l'avocat. Peu importe, l'administration s'entête à compliquer l'accès au séjour des personnes étrangères. Lorsqu'elles obtiennent victoire, ces dernières pourraient demander des indemnités. Mais elles ne le font jamais, parce qu'elles ont « peur ». « L'administration a de la chance de ne pas avoir des procéduriers en face d'elle. Ça lui coûterait très, très cher », assure Stéphane Maugendre.

Qu'est-ce qui différencie une migration « réussie » d'une autre ; celle qui ne viendra pas trahir les rêves formulés au départ, celle qui ne fera pas sombrer les individus dans la désillusion ? La thèse de la doctorante Suzanne Dioly Nang, intitulée « Femmes migrantes sénégalaises en France. Enquête sur les représentions de la réussite », donne la parole à de nombreuses femmes et montre que la notion de succès se résume avant tout à « être utile à sa famille, à offrir une éducation à ses enfants, à pouvoir venir en aide à ses parents restés au pays », développe la sociologue Claire Lévy-Vroelant, spécialiste de l'habitat, de la ville et des migrations. « Cette thèse montre ainsi que ce n'est pas tellement une question d'ascension sociale ou de richesse économique. » Une partie des sans-papiers continuent ainsi de mener une partie de leur vie dans leur pays d'origine, tout en étant à distance et dans l'incapacité de s'y rendre faute de documents d'identité français. Ils viennent en aide à la communauté villageoise, envoient des vêtements ou des médicaments à leurs proches, perdent leurs parents sans pouvoir assister aux funérailles. « Pour nous, vu d'ici, il est facile de poser des mots sur les notions d'illusions ou de désillusions. Mais pour eux, il s'agit d'avancer au jour le jour, de garder le cap, d'arracher des victoires et de ne pas se laisser aller quand ils essuient un échec », analyse la sociologue, qui s'intéresse particulièrement à la vie des foyers de travailleurs immigrés, qu'elle suit depuis de nombreuses années en Île-de-France. « Compliqué pour certains », poursuit-elle, de se livrer sur leurs difficultés et d'admettre que ça n'est pas aussi facile que ce qu'ils avaient prévu. La chercheuse constate combien ils sont « désinformés » et combien les informations sur l'accès et le droit au séjour ne circulent pas suffisamment au sein de la communauté. « Ils se filent des tuyaux pour le travail sans aucun doute. Et il y a une solidarité très forte, ils auront toujours un endroit où dormir et de quoi manger. » Mais personne ne communique sur les difficultés qui attendent les suivants en France, sauf peut-être ceux qui présentent un parcours réussi et prennent assez de recul pour alerter leurs amis ou leurs proches désireux d'entreprendre le même parcours de migration. « Il y a très certainement des étapes où a lieu une prise de conscience des difficultés. Les désillusions résident dans ces obstacles non anticipés. » Ils n'imaginaient pas combien ils seraient contraints de vivre dans la peur, et ce en permanence. Ils n'imaginaient pas combien ils seraient livrés à eux-mêmes, notamment ceux qui ne vivent pas en communauté et louent, par exemple, une chambre chez l'habitant.

Claire Lévy-Vroelant pointe la part importante des violences institutionnelles dans ces désillusions. C'est la « douche écossaise en permanence » : les personnes sans papiers passent du chaud au froid, des chants victorieux au dépit absolu, de la victoire à ce sentiment d'échec qui remet en cause tout leur projet de migration. C'est un défi de tous les jours, celui de garder une température constante, « en évitant les coups de chaud et les coups de froid ». Mais la sociologue relève également une capacité de résistance très forte face à cette violence et au racisme institutionnel. « Quand on les écoute, on se dit quelle force ! C'est très caractéristique de ce public, comme une sorte de ligne de conduite qu'il se serait fixée pour tenir le cap. » La vie en foyer peut jouer un rôle considérable. Moussa dit lui-même en avoir beaucoup bénéficié à son arrivée. L'entraide et la vie en communauté lui permettent, durant les premiers mois, de bâtir des bases solides. « Les plus anciens te donnent des conseils et t'aident à t'installer. » Mais le jeune homme veut s'émanciper et voler de ses propres ailes. « Je suis venu en France parce que c'était mon pays de rêve, le pays où j'avais le plus de chances de m'en sortir », détaille-t-il. Plus jeune, il rêve d'évasion, lui qui descend des Soninkés, une ethnie qui a pour habitude de migrer et qui constituait, dans les années 1970, la majorité des immigrés subsahariens présents en France. Mais ici, constate-t-il, il est impossible de travailler sans détenir un titre de séjour. Ou en tout cas pas sans tricher un peu. « Ça crée donc des inégalités entre les gens. Et ça veut dire que nous, les sans-papiers, on doit se battre deux fois plus que les autres. »

Le rejet de sa demande de régularisation par la préfecture des Hauts-de-Seine sonne comme une déflagration. Son rêve est brutalement brisé par l'administration. Il n'en dort plus et se retrouve contraint de prendre des somnifères pour pouvoir retrouver le sommeil. Moussa ne sait pas comment justifier cela auprès de ses proches restés au Mali. Le sentiment de honte et la peur de décevoir l'envahissent. Il se raccroche à ses rêves et se reprend, petit à petit, avec l'espoir de déposer un jour une nouvelle demande d'admission exceptionnelle au séjour. « Peut-être qu'avec du temps et en changeant de préfecture, ça marchera. » Il compte désormais beaucoup sur l'aide d'Anzoumane Sissoko, qui s'avère être originaire de la même région que lui au Mali. Cette figure de la lutte des sans-papiers parvient à faire des miracles au sein de la préfecture de Paris, même avec les dossiers les plus complexes. « J'aimerais vivre normalement, avoir mon appartement, voyager », sourit le jeune homme. Il aime s'habiller en costume, loin de son bleu de travail qu'il porte pour se rendre dans les gares et se faire « plus discret », toujours dans l'objectif d'éviter les contrôles de police. « J'ai mon style, je n'aime pas me faire remarquer. » Il refuse d'être assimilé à un « voyou » ou un « voleur » ; un discours qui imprègne selon lui le débat public et mine le moral de nombreux étrangers vivant en France.

CHAPITRE 7

À la merci des bailleurs

Sara parvient, au bout d'un certain temps, à être recrutée par une famille tout en étant couverte par un contrat, bien qu'elle ne dispose pas de papiers français. Pour cet emploi en tant qu'auxiliaire de vie à temps partiel, elle raconte avoir dû gagner la confiance de ses employeurs, « petit à petit », et leur prouver son « sérieux ». « Au début, ils ne me connaissaient pas. La dame m'a proposé de me laisser un appartement qui lui appartenait mais seulement pour me dépanner pendant une semaine. Je devais partir ensuite. » Finalement, son employeuse lui propose un contrat de location peu après lui avoir fait signer son contrat de travail. Pour la Vénézuélienne, c'est la délivrance : elle et son fils ont été hébergés durant des mois par leurs proches à Fontenay-sous-Bois, mais cela ne pouvait plus durer. « J'ai commencé à voir un peu de lumière dans ma vie. J'avais besoin de retrouver mon indépendance et d'offrir un petit chez-nous à mon fils. » Sara avait eu beau chercher, sa situation administrative et financière lui permettait difficilement de louer un logement dans le privé, surtout durant ses deux premières années en France.

Après le travail, le logement reste le nerf de la guerre pour les personnes sans papiers. Car sans documents d'identité français, aucun propriétaire ou aucune agence immobilière n'accepte d'étudier un dossier de candidature pour un appartement à la location, sauf peut-être les marchands de sommeil, qui profitent de leur vulnérabilité et parquent souvent plusieurs personnes dans de très petits espaces, notamment en région parisienne, où le marché de l'immobilier est très tendu. Attablée dans un restaurant à Saint-Maur-des-Fossés, dans le Val-de-Marne, Sara regarde autour d'elle et dit combien elle apprécie son environnement. Les cheveux ramassés en chignon sur la tête, la peau métisse et la taille menue, elle affiche une mine radieuse, heureuse – peut-être aussi fière ? – de se confier à une journaliste sur un sujet aussi important. La communauté vénézuélienne est trop souvent oubliée lorsque le sujet des migrations est abordé.

Mais depuis qu'elle maîtrise la langue de son pays d'accueil, Sara dit avoir gagné en confiance. Avoir trouvé un logement, avec un bail de location, la rassure beaucoup. « Ici, on se sent bien. Une des dames dont je m'occupais avant habitait à Saint-Maur-des-Fossés, donc je connaissais déjà cette ville. » Pour un appartement de deux pièces de trente-deux mètres carrés, elle paie un loyer de 710 euros par mois. Son fils dort dans la chambre, elle dans le salon. Avec ses différents emplois cumulés, Sara atteint difficilement le Smic. « Sur le plan financier, c'est juste, parfois. J'ai payé 250 euros d'électricité cet hiver [en 2022-2023]. Entre le loyer et les charges, ça fait beaucoup. » Le père ne donne pas de pension alimentaire pour leur fils. Sara n'ose pas tellement aller aux banques alimentaires. De toute façon, à Saint-Maur-des-Fossés, il n'y en a pas. Sa propriétaire – une élue locale – l'accompagne dans ses démarches et lui apporte des conseils au quotidien : « C'est elle qui m'a aidée à faire mon contrat d'électricité et à créer de petites annonces pour trouver des jobs en plus. » Mais le loyer, pour une telle superficie, reste élevé. Sara n'a pas le choix.

Pour parvenir à se loger, Sabine, l'aide-soignante ivoirienne, a dû de son côté trouver une colocation, qui s'est transformée, avec le temps, en sous-location. « Au début, relate-t-elle, je vivais avec une jeune femme dans un appartement au Blanc-Mesnil. Elle m'a fait confiance, j'ai vécu avec elle quelque temps. » C'est elle qui détenait, et détient toujours aujourd'hui, le bail de location. Mais entre-temps, la jeune femme a déclaré vouloir aller vivre avec son compagnon. « Elle a mis toutes les chambres à louer et moi, je gère les locataires. À la fin du mois, je lui reverse le montant de tous les loyers. » Il y a trois chambres en tout, toutes occupées par des sans-papiers.

Sabine paie 400 euros pour une chambre dans cet appartement qu'elle partage désormais avec son fils. Elle n'a pas les moyens de payer le loyer pour deux chambres. La mère de famille refuse d'émettre la moindre critique à l'endroit de son ancienne colocataire : les loyers cumulés pour chaque chambre dépassent certainement le loyer réel correspondant à ce logement situé en Seine-Saint-Denis, mais Sabine s'estime trop heureuse d'avoir pu trouver une chambre. « Elle est très gentille de m'avoir acceptée. Tout va bien », relativise-t-elle avant de convoquer le souvenir de ses premières tentatives de recherches pour un logement en région parisienne.

D'abord demandeuse d'asile, Sabine a été accueillie durant six mois par une cousine basée en Normandie. Elle s'est occupée des enfants en contrepartie de son hébergement. « Puis j'ai fait une demande d'asile et j'ai obtenu une chambre dans une structure dédiée. Mais quand ma demande a été rejetée, on m'a donné un mois pour partir. » Elle rejoint alors la capitale dans l'espoir de trouver un emploi plus facilement. Durant deux longs mois, elle est hébergée par une amie et ne trouve pas de logement. « C'était tellement compliqué. Et finalement, un jour, j'ai appelé pour cette colocation et la fille m'a prise. J'aurais préféré trouver quelque chose à Paris, mais je n'avais pas tellement le choix. »

Pour Elgi et Eldhose, le cuisinier indien, la situation est plus chaotique. À leur arrivée en France en janvier 2020, tous deux sont logés par un marchand de sommeil en banlieue parisienne, à Sarcelles, dans le Val-d'Oise. Ils décrivent des conditions de vie « très difficiles » : « C'était un appartement où ils mettaient cinq personnes par chambre. Tout le monde était originaire du Bangladesh, du Pakistan ou d'Inde, comme nous. » Elgi, la seule femme parmi les occupants, bénéficie d'une petite pièce où elle peut dormir seule. Son mari est placé dans un dortoir partagé. Le couple vit ainsi durant une année. Alors qu'ils déposent une demande d'asile un mois après leur arrivée en France, ils n'obtiennent pas d'hébergement en centre d'accueil. « On n'a pas eu l'allocation pour demandeurs d'asile non plus durant les six premiers mois de la procédure. Ils ont dit que c'était à cause du Covid-19 », se remémore Elgi. Ils ne percevront jamais le rappel de cette aide. Un an plus tard, toujours dans le cadre de leur procédure de demande d'asile, ils sont transférés à Caen, où un travailleur social les attend en gare pour les acheminer vers leur lieu d'hébergement. Mais, à leur grande surprise, Elgi et Eldhose se retrouvent catapultés dans un foyer pour sans-abri, surnommé « La Charité ». Le simple fait d'évoquer ce nom rend Elgi malade.

En toute confiance, elle prend place dans un snack situé tout près de la gare, au centre-ville de Caen. À ses côtés, Eldhose tente de calmer leur jeune fils âgé de 2 ans. « Il reconnaît l'endroit, il veut manger du poulet frit », s'amuse le couple avant de passer commande. Tous deux ne pourront jamais oublier ce petit restaurant. Le propriétaire, un Indien venant de Kerala, la même région qu'eux, les a accueillis sans compter lorsqu'ils étaient au plus mal. Ils n'ont passé que deux semaines à « La Charité », mais celles-ci ont semblé durer des années. « Les toilettes ne se fermaient pas. Les douches communes étaient ouvertes, je devais me laver au milieu des autres femmes. Il n'y avait qu'une seule cuisine pour tout l'immeuble alors qu'il y avait trois étages. Eldhose me ramenait du pain tous les jours, et je me nourrissais de ça et de soda », rembobine Elgi, qui évoque aussi les vols, les bagarres entre occupants et la présence de chiens dangereux.

C'est sa grossesse qui pousse finalement le travailleur social à les rediriger vers le centre d'accueil pour demandeurs d'asile (Cada) de Caen. Une grande résidence composée de trois bâtiments, située dans le quartier populaire de la Grâce de Dieu, au sud du centre-ville. La famille y obtient un petit studio pour un peu plus d'un an. Le lieu est synonyme, pour les jeunes parents, de « sécurité » et d'une « intimité » enfin retrouvée. « On était au troisième étage », montrent-ils du doigt devant le portail. Mais depuis leur départ, le centre est barricadé derrière un grillage protecteur car les militants d'extrême droite s'en prennent de plus en plus à ce type de structures d'accueil, comme l'ont montré les événements de Saint-Brévin-les-Pins ou de Callac, dans les côtes d'Armor.

Elgi et Eldhose y restent un peu plus d'un an, avant que le couperet tombe : « Notre demande d'asile a été rejetée par l'Ofpra, alors ils nous ont demandé de partir », racontent-ils. Mais la CNDA ne s'est alors toujours pas prononcée. « Tout était illégal là-dedans. Ils nous ont répondu que de toute façon, l'Inde faisait partie des pays sûrs et qu'on n'aurait pas de protection. Ils ont ajouté que si on résistait, ils feraient venir la police. » À l'extérieur du Cada ce jour-là, ils aperçoivent l'une des travailleuses sociales qui les suivait lorsqu'ils étaient encore résidents. Celle-ci ne semble pas les reconnaître. En s'éloignant du centre, le couple passe devant une barre d'immeuble et interpelle un ami, le Sri Lankais qui se trouve être le collègue d'Eldhose au restaurant, par la fenêtre du premier étage. Celui-ci sort une tête pour les saluer. C'est dans son garage qu'Elgi et Eldhose ont pu entreposer leurs meubles et leurs effets personnels après avoir dû quitter le Cada en mai 2022.

« C'était très dur, souffle Elgi, j'ai beaucoup pleuré. Ils nous ont renvoyés vers l'hôtel Rex, près de la gare, qui fait de l'hébergement d'urgence. » Eldhose ayant un emploi au restaurant, il doit alors payer 5 euros par jour pour pouvoir y séjourner. « Une petite pièce pour nous trois, sans cuisine », précisent-ils. Ils découvrent ce snack et sympathisent avec le gérant, un membre de la communauté indienne à Caen. Ce dernier leur offre souvent le repas. « Il était impossible de cuisiner à l'hôtel alors on venait presque tous les jours ici. Quand je venais seule parce qu'Eldhose était au travail, il ne me laissait jamais payer à la fin du repas », confie Elgi, encore touchée par cette générosité.

Elle et son mari entament des recherches de logement mais se heurtent à leur difficile réalité : ils sont sans-papiers. Ils se rendent chaque jour dans différentes agences immobilières, mais toutes leur demandent une carte de séjour. Lorsqu'ils parviennent à visiter un logement et à laisser un dossier de candidature, ils reçoivent un appel téléphonique quelques jours plus tard, pour demander « où est la photocopie du titre de séjour ». La paroisse qu'ils fréquentent tente tout pour les aider, en vain. « On se sentait désespérés. » Elgi menace à plusieurs reprises de retourner en Inde – bien qu'elle soit consciente de ne pas pouvoir y retourner dans les faits. Ils doivent attendre sept mois pour enfin trouver l'appartement dans lequel ils vivent aujourd'hui. Et le bailleur n'est autre… que le patron d'Eldhose. « Il était propriétaire de ce logement et il a fini par nous le proposer à la location, voyant qu'on était toujours à l'hôtel. » Ils y emménagent fin 2022 et le meublent grâce aux dons de la communauté chrétienne de la ville, avec qui ils développent des liens étroits, mais aussi ceux des collègues d'Eldhose. Jusqu'à l'été 2023, le loyer est directement prélevé sur le salaire d'Eldhose. Un mélange des genres pouvant laisser planer la confusion : alors que le montant du loyer s'élève à 470 euros pour un appartement composé de deux pièces, et alors que le salaire d'Eldhose atteint environ 1 500 euros, le couple affirme avoir constaté à plusieurs reprises que des montants allant de 600 à 700 euros étaient prélevés sur le salaire d'Eldhose. « À chaque fois, le patron s'est justifié en expliquant avoir déduit l'électricité. »

À l'été 2023, le gérant du restaurant finit par dissocier le versement du salaire et le prélèvement du loyer de manière à clarifier les choses. Mais durant plusieurs mois, il prélève aussi sur son salaire le montant de la caution, soit près de 1 000 euros pour un logement non meublé, et le montant du premier loyer, que le couple n'avait pas eu les moyens de régler lors de son installation dans le logement. « Il prélève par petites sommes sur mon salaire », explique Eldhose, s'estimant heureux d'avoir pu bénéficier de cette forme d'« échelonnement » informel.

À son arrivée à Paris, Moussa, l'homme de ménage des trains SNCF, dégote d'abord une place dans un foyer pour travailleurs immigrés situé à Denfert-Rochereau, géré par Coallia et Adef, où se trouvent de nombreux Maliens. « On dormait à trois dans un petit studio, ce n'était pas simple tous les jours. » Pour parvenir à y placer trois couchages, le principal locataire improvise un lit superposé en faisant reposer chaque pied du seul lit existant sur des caisses, afin de le surélever et de faire passer un matelas en dessous. La troisième personne dort sur un matelas, posé au sol et collé au lit. En journée, il est relevé contre le mur pour rentabiliser l'espace de la pièce. « C'est comme ça dans tous les studios de la résidence. C'est dangereux, en fait », rit-il aujourd'hui. Moussa est le « petit dernier », c'est donc lui qui dort sous le lit. Chaque fois que son voisin du dessus se remue dans son couchage, il l'entend. Il paie alors un loyer de 150 euros, tout comme son camarade qui loue lui aussi « au noir ». « Celui qui loue la chambre paie 450 euros en tout, donc on divise la somme par trois. Il ne prend pas de bénéfice sur la part qu'on lui donne », assure Moussa. Mais la promiscuité et la différence de rythme de vie commencent à le rendre fou. Certains de ses colocataires se lèvent à 3 heures du matin pour travailler sur des chantiers de construction, tandis que d'autres rentrent à 5 heures après avoir travaillé de nuit.

Moussa travaille lui-même dans un restaurant à la Défense et doit assumer des horaires décalés, qui l'obligent à rentrer au-delà de minuit. « Avec le bruit que faisaient les autres la nuit, je n'arrivais pas à récupérer de la fatigue de la journée. » Le jeune Malien tient un an et demi, puis se lance dans des recherches de logement qui s'étendent sur six mois. « Je cherchais un studio partout en Île-de-France, mais toutes les agences immobilières me demandaient un titre de séjour et des avis d'imposition. » Moussa n'a ni l'un ni l'autre. Il sait qu'il ne doit utiliser son faux titre que pour le travail « et rien d'autre ». C'est par le bouche-à-oreille qu'il finit par trouver une chambre chez l'habitant à Vitry-sur-Seine. Un particulier, membre de la « communauté » malienne mais en situation régulière, qui lui propose de louer une petite chambre pour 300 euros par mois. « Bien sûr, c'est au noir. Je n'ai pas de bail de location. Et comme je suis souvent en déplacement pour le travail dans les trains, je ne dors que quatre nuits là-bas », précise Moussa. Ce dernier a récemment appris qu'il devait quitter les lieux : le propriétaire est en pleine procédure de regroupement familial et sa compagne ainsi que ses enfants ne devraient plus tarder à obtenir leur visa pour le rejoindre en France. « C'était temporaire, c'est comme ça », se résout le jeune homme, qui aspire simplement à pouvoir régulariser sa situation, de manière à pouvoir se loger « comme tout le monde ». Mais la situation est pour le moins instable et Moussa ne sait plus sur quel pied danser. « L'autre jour, il m'a dit que je devais finalement rester, car sa famille ne viendrait pas tout de suite. Il ne veut pas perdre ses 300 euros. Je continue de chercher mais je ne lui dis pas, et je partirai quand j'aurai trouvé autre chose. »

CHAPITRE 8

Se tuer à la tâche

Les six hommes sont entassés dans une petite chambre, à l'étage d'une maisonnette inachevée attenante à la ferme. Allongé dans son lit, Abdel ouvre difficilement les yeux : il est 5 heures du matin lorsque le réveil l'extirpe de son sommeil. L'heure de se lever, de s'habiller, de préparer sa « gamelle » du midi. Lui et ses amis travaillent dans les champs agricoles dans les environs d'Agen, dans le Lot-et-Garonne. Tous les jours, six jours sur sept, ils récoltent les pommes et autres fruits saisonniers que l'on retrouve ensuite sur les étals de nos marchés ou au rayon fruits et légumes de nos supermarchés. Ils commencent à l'aube, comme l'exige le métier, puis observent le soleil gagner du terrain au fur et à mesure qu'ils se tuent à la tâche. Plus les heures passent, plus la chaleur les exténue ; mais ils continuent. Leur calvaire résume à lui seul l'esclavage moderne auquel tant d'immigrés sont confrontés en France. « Les gens se plaignent de la canicule ici en France et restent enfermés chez eux pour se protéger. Eh bien nous, on est obligés de travailler », rappelle Abdel.

Ce dernier a rejoint la France en juin 2022, avec cinq de ses collègues, tous originaires des alentours d'Oujda au

Maroc. Ils souhaitaient simplement travailler en tant que saisonniers en France, mais se sont trouvés empêtrés, malgré eux, dans une situation intenable ; arnaqués par un intermédiaire et exploités par leur employeur dans le Lot-et-Garonne. « Moi, je travaillais déjà dans ce milieu, je vendais des fruits et légumes au marché. Quand on a commencé à parler de notre projet d'aller travailler en France autour de nous, une connaissance nous a dit qu'il pourrait nous trouver un contrat chez un agriculteur. » Cet homme a déjà pour habitude de se rendre chaque année à Agen, en tant que travailleur saisonnier. Abdel et ses amis sont donc rassurés et lui font une confiance aveugle. Au point de débourser chacun l'équivalent de 14 000 euros pour obtenir un contrat de travail leur permettant de travailler en France pour une durée de quatre mois. Une somme pour laquelle certains ont dû vendre leurs terres, d'autres s'endetter. Les Marocains sont alors persuadés que c'est la somme à payer pour venir travailler légalement en France en tant que travailleurs saisonniers : l'intermédiaire leur promet que cet argent serait vite remboursé grâce aux salaires qu'ils percevraient une fois en France.

Une fois arrivés en France, ils découvrent un système bien rodé. « On nous avait promis une belle maison où l'on serait hébergés, on s'est retrouvés dans une chambre miteuse. » Le rez-de-chaussée est accaparé par l'intermédiaire qui les a fait venir. À l'étage, l'une des deux chambres existantes est constamment fermée et sert d'entrepôt. « Nous, ils nous ont mis à six dans l'autre. » À l'intérieur, des lits individuels sont collés les uns aux autres et occupent le moindre recoin de la pièce, au point qu'il n'y a presque pas la place de circuler. L'un des lits est en structure pliable et tient à peine sur ses pieds. Les murs, quand ils sont peints, sont emplis de moisissure ; et une partie d'entre eux laisse encore entrevoir la brique. « Le patron a laissé deux voitures à la disposition des employés, mais Saïd, l'intermédiaire, nous a interdit de les utiliser, prétextant qu'on n'avait pas le droit de conduire en France. »

Leur seule sortie s'organise donc le samedi. Chaque semaine, Saïd les achemine en voiture dans la ville la plus proche afin qu'ils fassent leurs courses. Pas de détour ni de loisirs. Au bout de quelques semaines de travail, ils découvrent également que leur patron souhaite les rémunérer à la fin de leur mission et non au mois. « Il voulait nous donner tout l'argent d'un coup, au bout de quatre mois. Mais comment on fait pour vivre en attendant ? » Pire, l'employeur leur annonce qu'ils seront payés cinq euros de l'heure, sans fiches de paie. C'est la douche froide. Ils comprennent alors pourquoi il refuse de leur fournir des fiches de paie et pourquoi il impose de les rémunérer en fin de mission uniquement. « Il ne pouvait pas assumer un tarif aussi bas, illégal d'ailleurs puisque bien en deçà du Smic, en nous donnant des fiches de paie. » Malgré tout, les ouvriers n'osent pas se plaindre.

Tout bascule lorsque Saïd, l'intermédiaire, refuse brutalement de les accompagner pour leurs courses du samedi. La ville la plus proche est à cinq kilomètres, difficile de s'y rendre à pied et d'en revenir chargés des courses hebdomadaires. Le groupe ne peut rester sans vivres et se décide à parler au patron, le menaçant d'aller se plaindre à la police. Il évoque la somme considérable dépensée pour pouvoir venir travailler là, mais l'exploitant agricole fait mine de ne pas comprendre. « Il nous a répondu qu'il n'était pas au courant, et que puisque l'arnaque avait été orchestrée par notre ami marocain, on devait plutôt aller se plaindre aux autorités au Maroc. » Abdel et ses amis tiennent bon, l'employeur se résout à respecter la loi. Mais toutes les heures supplémentaires réalisées ne leur sont pas comptées. Au bout des quatre mois de dur labeur, il rompt toute relation avec eux et explique ne plus vouloir les faire travailler à l'avenir. « On s'est retrouvés sans rien, sans logement, sans travail, sans papiers. » Durant plus d'un an, ils travaillent au noir sur différentes exploitations ; l'un d'eux fuit l'agriculture pour tenter sa chance dans le bâtiment.

C'est tout le paradoxe de nos politiques migratoires : même lorsque l'État fait venir des travailleurs de manière régulière, comme ici grâce au dispositif des travailleurs détachés, il parvient à les faire plonger dans l'irrégularité, les forçant à un système de débrouille et de forte dépendance à l'égard des employeurs. Cette main-d'œuvre se trouve alors contrainte d'explorer d'autres secteurs selon les besoins de recrutement de chacun et selon les opportunités de travail qui se présentent à elle. Bien souvent, cela passe par le bouche-à-oreille : un ouvrier ayant déjà un pied dans un certain domaine d'activité, comme la construction et le BTP, propose à ses amis de petites missions à la journée, qui s'installent alors dans la durée.

À Vitry-sur-Seine, en région parisienne, le soleil cogne sur le bitume du parking de Leroy Merlin. Assis sur les marches près du portail, plusieurs hommes passent un mouchoir sur leur front pour éponger la sueur qui goutte, doucement, sur leur visage. Ils passent leurs journées ici, à attendre que du travail leur soit proposé. Certains sont plus « entreprenants » que d'autres et vont directement à la rencontre de leurs potentiels employeurs, près de l'entrée du magasin. Ils proposent leurs services à celles et ceux qui viennent ici pour acheter des meubles ou du matériel de chantier. « On sait qu'il y a de la demande, alors on est là », lâche Boubacar, la trentaine, au milieu de ses camarades. Leurs bras sont leurs seuls outils. Ils les mettent à disposition de particuliers qui ne souhaitent ou ne peuvent pas transporter de charges lourdes seuls, ou d'ouvriers qui ont besoin d'un coup de main pour charger leur camion de matériaux lourds, en échange d'un petit billet. « Ça peut être dix ou vingt euros, selon la quantité de choses à transporter et selon le poids », raconte l'un d'eux. La mission revient souvent à deux euros de l'heure, tout en étant très physique. « Ce n'est pas facile, mais nous, on est là pour travailler. On ne se plaint pas. »

Parfois, ils n'ont qu'un seul client par jour. Il arrive qu'ils n'en aient pas du tout. « Ça veut dire qu'on a attendu une journée pour rien, sans rien gagner du tout, alors qu'on doit payer notre loyer ou les courses pour les repas. » À plusieurs reprises, certains d'entre eux sont tombés sur des mauvais payeurs : des particuliers ou des ouvriers faisant comme s'ils ignoraient, une fois la tâche accomplie, que le service était payant. « Ils nous disent "Ah bon ? C'est payant ? Je n'ai pas d'argent sur moi désolé". Et nous, qu'est-ce qu'on peut faire dans ces cas-là ? On ne va pas s'amuser à décharger leur voiture ou leur camion ! » Ceux qui commettent ces abus détalent aussi vite que possible. Les travailleurs n'ont aucun moyen de protester.

« Une fois, un homme a menacé d'appeler la police si je ne le laissais pas tranquille. Il m'a même dit que ce qu'on faisait était illégal. Mais c'est lui qui était dans l'illégalité », s'étonne Oumar, un jeune Malien. Il ne compte plus les clients qui tentent de négocier ses prix également. Lorsqu'il propose trente ou vingt euros, certains aimeraient plutôt lui en donner dix, voire cinq. « On dirait qu'ils ne se rendent pas compte du travail qu'on fournit. C'est très dur, on n'est pas là en train de mendier. » Il accepte parfois l'offre qui lui est proposée par défaut, craignant de rentrer bredouille le soir.

Pour s'assurer un « salaire » quotidien, Lamine a opté pour une autre stratégie. Depuis 2022, il utilise un fourgon qu'il loue à un particulier, propriétaire du véhicule, pour proposer aux clients de Leroy Merlin de transporter des charges lourdes jusqu'à leur domicile, ou jusqu'au lieu de chantier lorsqu'il s'agit d'ouvriers. Selon la taille du colis, il peut espérer gagner jusqu'à trente euros pour le transport et la livraison d'articles dans la banlieue sud parisienne. Sur sa carte de visite, qu'il me tend fièrement, est écrit « Lamine transport, travail professionnel, disponible sept jours sur sept », ainsi qu'un numéro de téléphone. À bord de sa fourgonnette, il patiente sur le parking du magasin à Vitry-sur-Seine, jusqu'à ce que de potentiels clients l'approchent pour lui demander ses disponibilités. Il prend l'initiative d'aborder des clients également, toujours sur le parking. « Tant qu'on ne s'approche pas trop de l'entrée, ça va. Mais si on est trop près, les agents de sécurité nous chassent. »

Depuis 2021, ces « hommes porteurs » en majorité originaires d'Afrique subsaharienne sont tolérés par l'enseigne. Les employés de Leroy Merlin les croisent chaque jour sur le parking et ne sont même plus étonnés de leur présence. À l'intérieur de l'espace « retraits de commande et livraison », où la location d'utilitaires est proposée pour le transport de charges lourdes, ils me sont même « recommandés » par une employée, en août 2023 : « ils sont plusieurs sur le parking, ils sont bien », me dit-elle, l'air de rien, sans vraiment prendre conscience de leur précarité et du système d'exploitation que cela peut engendrer. « La police vient nous embêter parfois », ajoute Lamine, qui regrette de ne pas pouvoir travailler tranquillement. « C'est déjà suffisamment compliqué quand on est sans-papiers. En plus, on a toujours peur qu'ils nous contrôlent et qu'ils nous embarquent. »

Depuis deux ans, Sabine travaille sans relâche. De jour comme de nuit, en semaine comme le week-end. Elle prend les transports en commun et évite les voitures de police qu'elle croise dans la rue. Elle rend visite à au moins quatre personnes par jour, le plus souvent à Paris intra-muros, enchaînant les distances en transports en commun depuis Le Blanc-Mesnil, où elle vit. En août 2023, je la retrouve un dimanche, dans le XVe arrondissement de la capitale, alors qu'elle s'apprête à sonner à l'interphone d'une dame âgée dont elle doit prendre soin en cette fin de journée. « Je vais la voir une petite heure, lui servir son repas et lui faire sa toilette du soir. » À son départ à 19 heures, sa « patiente » est au lit. Elle aime utiliser ce terme parce que son métier, estime-t-elle, est très ressemblant à celui d'aide-soignante. Il faut être douce et courageuse pour être aide à domicile. Il faut aussi être extrêmement polyvalente pour assurer de telles missions : accompagner les patients pour les sorties, leur faire les courses ou se rendre à la pharmacie pour récupérer leur traitement, cuisiner leurs repas, leur servir à manger, leur donner leurs médicaments journaliers, les mettre en pyjama ou les habiller, les emmener aux toilettes, leur faire la toilette ou leur faire prendre la douche, les coiffer, leur couper les ongles, les mettre au lit, les réveiller, les mettre sur leur chaise roulante… « On fait un peu de tout », résume Sabine, qui évoque des personnes souvent très seules, à qui il est impératif de faire la discussion également. « On leur apporte un peu de vie, des nouvelles du monde extérieur. On les rend belles, aussi, pour qu'elles ne se laissent pas aller. »

Mais dans ces petits gestes du quotidien, il y a des tâches ingrates que l'on ne soupçonne pas. Il arrive régulièrement que Sabine doive mettre un suppositoire aux personnes âgées malades. Lorsqu'elle garde des personnes invalides de nuit, elle doit les accompagner aux W-C, les essuyer puis les laver après qu'elles ont fait leurs besoins. Lorsqu'elles sont alitées, Sabine doit leur changer la couche protectrice qui entoure leurs parties intimes et les nettoyer également. « Cela fait partie du métier. Nous, les sans-papiers, on fait le boulot que les Français refusent de faire. » Elle n'y voit pas d'inconvénient. Comment pourrait-elle servir le petit déjeuner à une personne alitée sans lui changer d'abord sa couche ? Pour porter les personnes obèses dans l'incapacité de se déplacer, elles doivent s'y mettre à plusieurs. Le plus stressant, à ses yeux, reste les médicaments. « On a une responsabilité. On doit faire très attention sur ça et sur la nourriture qu'on leur sert. »

L'utilisation du téléphone est strictement interdite durant ses heures de service. Durant nos longs mois d'échanges, il m'est arrivé d'attendre la fin de la journée pour avoir une réponse aux SMS que je lui avais envoyés. « Ou alors je consulte mon portable sur mon temps de trajet pour aller du domicile d'un patient à un autre », sourit-elle. Un jour, Sabine s'est trompée sur la posologie d'un médicament. « J'ai donné deux comprimés au patient le midi au lieu d'un le midi et d'un autre le soir. J'ai eu chaud, hein. Je n'ai pas dormi cette nuit-là », se remémore-t-elle. C'est la seule erreur dont elle se souvienne. Le surdosage, constaté aux urgences, était bénin. Mais l'entreprise qui l'embauche lui a passé un savon. Sabine n'ose imaginer les conséquences qu'un tel accident aurait pu avoir sur sa situation administrative. L'entreprise qui l'emploie aurait pu découvrir sa véritable identité et la licencier. Elle aurait pu être dénoncée aux autorités et expulsée. Son alias aurait sans doute pu être tenue pour responsable.

Les aides à domicile doivent aussi être attentives à la moindre chute. Pour certains patients, Sabine dispose de la clé du domicile, de manière à pouvoir entrer même si la personne est alitée. Il y a toujours un double des clés au bureau, pour chaque patient suivi par l'entreprise. « Si on sonne et que ça ne répond pas, on est responsables. On doit donner l'alerte. » La plupart du temps, il s'agit d'une chute ou d'une maladie qui empêche la personne de se déplacer à l'intérieur du logement pour venir ouvrir la porte.

« On appelle les patrons, qui appellent les patients au téléphone. S'ils ne répondent pas au téléphone non plus, on doit appeler les pompiers afin qu'ils interviennent. » Elle se souvient du jour où elle a dû les faire intervenir pour une personne âgée qui n'ouvrait pas la porte. Elle était tombée et se trouvait inconsciente sur le sol chez elle. Mieux vaut ne pas être nerveux lorsque l'on fait ce métier, songe-t-elle en relatant ces anecdotes. Parfois, certains patients se montrent agressifs et se laissent aller à l'insulter. « Ça arrive même assez souvent. » Les patrons le savent, poursuit-elle, et leur donnent pour consigne de partir lorsque la situation se présente. « Mais moi, je n'y arrive pas. Je reste et je fais ce que j'ai à faire, puis je m'en vais. » L'autre jour, une patiente l'a accusée d'avoir « volé le jambon » qui se trouvait dans son frigo. Sabine préfère en rire. « Comme si j'allais voler du jambon chez les gens… » Mais d'autres cas de figure l'amusent beaucoup moins ; comme lorsque des patients la traitent de « sale Noire ». « Certains sont racistes et on doit faire avec. Ils nous insultent et la semaine suivante, ils rigolent avec nous comme si de rien n'était. Mais on n'est pas leur esclave, on est là pour s'occuper d'eux ! » s'agace-t-elle. C'est la première fois que je décèle une once de colère en elle. D'habitude, Sabine n'aime pas se plaindre et affiche toujours un grand sourire, quelle que soit la situation. C'est la seule parmi ses collègues à avoir « tenu cinq mois » auprès d'une patiente « très méchante » qui n'hésite pas à « crier » sur ses aides à domicile et à les renvoyer cinq fois faire une course dans la même journée au prétexte qu'elle a oublié un produit. « Tout le monde a abandonné avec elle. Je viens de dire à l'entreprise que j'arrêtais et le patron m'a confié qu'il était étonné que j'aie tenu aussi longtemps. »

Pour les patients les plus compliqués, il peut arriver qu'un responsable se rende à leur domicile pour évaluer la « difficulté » à travailler auprès d'eux. Sabine relativise. D'autres, heureusement, se montrent « gentils » et généreux, savent se montrer attentionnés et leur font même parfois des cadeaux. Et ce qu'elle vit aujourd'hui n'est rien comparé à ce qu'elle a vécu à son arrivée à Paris, alors qu'elle travaillait pour une famille de particuliers. « Ils m'ont bousillé la santé. » Elle revendique désormais de travailler « dur et beaucoup », elle n'a pas pris de vacances depuis un an. Lorsque je la retrouve ce dimanche-là dans le XVe arrondissement de Paris, elle effectue un remplacement informel pour une collègue qui n'a pu se déplacer. « On s'est arrangées entre nous. J'y suis allée à sa place et elle me donnera l'argent plus tard. » Sabine a besoin de travailler pour subvenir aux besoins de ses enfants restés en Côte d'Ivoire.

Yao a lui aussi laissé deux enfants derrière lui au Togo. Aujourd'hui adolescents, ils vivent chez leurs tantes paternelles. L'homme se raccroche à l'idée de pouvoir les revoir un jour dans les pays voisins du Togo, le Bénin ou le Ghana – si sa demande d'asile a été définitivement rejetée, il affirme toujours courir un danger dans son pays d'origine pour des prises de position politiques antérieures. Mais pour cela, « il faut un titre de séjour ». En attendant, il les voit grandir chaque jour un peu plus, en visio. L'Europe, ce n'était pas prévu, martèle-t-il. Celui qui se trouvait être guide pour les touristes dans son pays, tout en pratiquant son art de la musique et de la danse, se retrouve aujourd'hui employé polyvalent dans un supermarché Super U. Le travail est physique, répond-il lorsque je lui demande de le décrire. Yao s'occupe du rayon fruits et légumes : il est amené à réceptionner les cagettes, faire le rayonnage, préparer les commandes en « drive » (pour les courses effectuées sur internet et récupérées en magasin par les clients) ou encore réceptionner et délivrer les colis reçus en magasin. « Comme il faut que le rayon soit parfaitement rangé à l'ouverture, je commence souvent très tôt le matin », raconte-t-il. Lorsqu'il commence à 6 heures du matin, Yao doit quitter son logement, situé dans un petit village du nom de La Roque-sur-Pernes, à cinq heures trente en voiture.

Mais au printemps 2023, il a un accident de voiture après avoir reçu une OQTF de la part de la préfecture du Vaucluse. « Ça m'a tellement perturbé, j'avais la tête ailleurs... » Depuis, il s'organise autrement et dort chez un ami à L'Isle-sur-la-Sorgue en semaine, de façon à être sur place pour se rendre au travail chaque matin. Il ne rentre chez lui que le week-end, lorsqu'il ne travaille pas. « Mais ça m'arrive aussi d'être sur le planning le week-end. Dans ces cas-là, je m'adapte avec mon ami », complète-t-il. Au supermarché, la directrice lui dit qu'elle est très satisfaite de son travail. Elle lui fait signer un troisième CDD en septembre 2023, alors qu'il espérait se voir proposer un CDI. « Je me doutais que je resterais puisque j'étais toujours sur le planning malgré la fin de mon CDD pour le mois de septembre. » Les clients habitués, notamment les personnes âgées, l'apprécient et le font savoir au responsable. « Certains me complimentent sur l'état du rayon, qu'ils trouvent très bien entretenu depuis que je suis là », se réjouit-il. L'autre jour, l'enseigne a mis en ligne, sur le réseau social Instagram, une publication le présentant et vantant son travail au sein du magasin. Yao ne peut cacher sa fierté.

Sur son temps de repos, un lundi après-midi, je l'accompagne à l'école de musique où il donne des cours de djembé. Yao ne quitte jamais son vélo tout-terrain, il le gare sans l'attacher à l'entrée de l'établissement – ici, il ne craint rien tant la commune est paisible. « Musical'Isle », peut-on lire sur le panneau accroché à la grille. Il farfouille dans ses poches et en extrait un trousseau de clés, puis se tourne vers moi, l'air fier : « Ici, c'est comme à la maison. La directrice me fait tellement confiance qu'elle me laisse une clé afin que je puisse venir m'entraîner quand je veux. » C'est ici qu'il se sent le plus à l'aise ; au milieu des instruments de musique et des autres professeurs qui le côtoient régulièrement. Avant de lui proposer un CDD, qui s'est depuis transformé en CDI à temps partiel, la directrice du centre a pris soin de téléphoner à la British School, au Togo, afin de vérifier les expériences passées de Yao. Ce dernier entame sa deuxième année dans cette école à la rentrée scolaire 2023-2024. Cette année, il s'est engagé à prendre un autre groupe à quarante-cinq minutes de chez lui, dans le village de Rochefort-du-Gard. « J'ai aussi commencé à donner des cours de danse à des élèves handicapés. » Et pour remplir encore un peu plus ses journées, il gère l'association « Koukoli », qu'il a lui-même créée dans son village de La Roque-sur-Pernes en juin 2021, dont l'objectif est de promouvoir la culture et l'art, notamment ceux venus d'Afrique. « Koukoli veut dire "unité" dans ma langue d'origine », précise-t-il, avant de planter le décor politique avec lequel il doit composer chaque jour. « Mamma mia… Dans mon village, c'est du cent pour cent Marine Le Pen. Pourtant c'est bizarre, beaucoup sont venus d'Europe de l'Est et sont eux-mêmes des immigrés. » En tant que Noir, il dit sentir le regard insistant que posent les habitants sur lui. Il s'estime heureux d'être beaucoup absent en semaine, lorsqu'il travaille. En quittant les locaux de l'école de musique en fin de journée, il referme le portail à clé, puis enfile un gilet jaune estampillé « Colissimo » avant d'enfourcher son vélo pour rentrer au village. « Il m'est déjà arrivé de faire le trajet à vélo pour me rendre au travail ou rentrer le soir, quand je ne dors pas chez mon ami. J'en ai pour une demi-heure, mais ça grimpe. » À de rares occasions, il fait le trajet à pied et doit marcher près de deux heures. De quoi prouver sa motivation, dit-il, à travailler et à s'intégrer en France.

À la Montparnasse, à Paris, Moussa embarque, comme chaque vendredi, à bord d'un train en direction de Rennes. « Ça peut aussi être Bordeaux ou Marseille », ajoute-t-il. Paradoxalement, les personnes sans papiers en France ont rarement le loisir de prendre le train et de « voyager », le risque d'être contrôlé par les forces de l'ordre étant trop élevé. « Moi, je bouge beaucoup. » Lorsqu'il fait une courte pause, Moussa aime s'asseoir et observer les paysages français, qu'il trouve si beaux. Il dit aimer son travail, bien que celui-ci soit « pénible ». À l'intérieur du train, sa silhouette noire déambule de voiture en voiture, un sac-poubelle à la main. « Bonjour messieurs dames », lance-t-il à l'attention des voyageurs. La plupart d'entre eux font le choix de l'ignorer. « Le plus souvent, les gens ne disent pas bonjour dans le train. » Moussa ne relève pas. Il récupère les déchets de celles et ceux qui veulent bien les lui confier – d'autres préfèrent simplement les abandonner sur leur siège à leur arrivée en gare – puis continue de ratisser chaque voiture pour en assurer la propreté. Il nettoie également les toilettes ; sans doute la partie la plus difficile de son travail. « On les nettoie et puis deux minutes après, quelqu'un vient faire pipi par terre. Si tu as le malheur de faire une remarque, les gens te répondent "Ça, c'est ton boulot". » Cette phrase-là revient très, très souvent, constate-t-il. D'autres voyageurs le dénigrent alors qu'il est en train d'accomplir ses tâches ménagères : « Ils me disent que même si on leur donnait 10 000 balles, ils ne feraient jamais mon travail », confie-t-il, heurté. Le jeune homme remonte le temps et se souvient de cet enfant, âgé d'à peine 5 ou 6 ans, qu'il revoit courir dans le couloir d'une voiture et avec qui il se met à jouer. « Je rigolais avec lui quand sa mère a bondi pour me dire de ne pas l'approcher car j'étais l'homme de ménage. » Moussa ravale sa colère et ne répond pas. Il n'est pas en position de le faire, estime-t-il, rongé par la peur d'avoir des ennuis avec l'entreprise qui l'emploie, et, par effet de ricochet, avec la préfecture.

Une autre fois, alors qu'il passe dans les voitures pour récolter les déchets, un jeune exige de Moussa qu'il extirpe son chewing-gum de sa bouche, refusant de le jeter lui-même dans la poubelle. « Il était avec sa copine, il faisait le malin devant elle. Quand je suis parti chercher le contrôleur, il s'est justifié en disant que c'était juste pour rire. » Il ne relève pas. Il veut éviter les problèmes, il est là pour gagner sa vie. Durant les vacances scolaires, le rythme est encore plus soutenu. « Ça dépend de l'éducation des gens, certains sont plus propres que d'autres. Mais c'est très dur quand les trains sont complets. » Pourtant, comme dans tous les trains SNCF circulant en France, le chef de bord s'occupe de faire une annonce au micro avant le départ, puis à la montée des voyageurs y rejoignant le train dans d'autres gares. « Il présente son équipe, dit que les contrôleurs passeront les voir et parle de nous. »

Moussa est souvent réquisitionné le week-end. Il fait des trajets de jour comme de nuit, ces derniers étant qualifiés de « découchés ». « Ça signifie qu'on prend le dernier train du soir pour en assurer le nettoyage, qu'on dort dans la ville d'arrivée et qu'on repart le lendemain matin tôt, avec le premier train. » Résultat, il enchaîne des horaires difficiles, terminant à 22 ou 23 heures le soir et reprenant le lendemain à 6 heures du matin. « Beaucoup de collègues arrêtent car c'est trop fatigant. Certains ratent le départ du train le soir ou ne se lèvent pas le matin, et l'entreprise n'aime pas ça. Si tu fais une erreur comme celle-ci, tu es viré. » Lui n'a jamais été en retard ou absent, gagnant ainsi la confiance de l'agence intérim, qui lui propose toujours plus de trajets.

Mais, sur le papier, il constate plusieurs fois que le salaire perçu ne correspond pas au nombre d'heures réalisées. En faisant le compte, il réalise avoir été payé bien en deçà du Smic horaire certains mois, atteignant quatre à cinq euros de l'heure. « Le salaire était trop bas, ce n'était pas juste. » Il le fait remarquer une première fois à son employeur, qui s'excuse et rectifie le tir. Mais curieusement, il n'est plus sollicité durant une certaine période. Lorsqu'il reprend ses missions avec l'entreprise, la situation se reproduit de nouveau. « Je n'ai plus rien dit, parce que je vis dans la peur d'avoir des ennuis avec la préfecture. »

L'un de ses collègues, affirme-t-il, se serait plaint de sa paie en fin de mois alors qu'il travaillait depuis deux ans pour la même agence que lui. « Ils l'ont appelé quelques jours plus tard pour lui annoncer qu'ils se séparaient de lui car ils s'étaient rendu compte qu'il n'avait pas de papiers. » Celui-ci travaillait alors sous alias, en utilisant le document d'identité de son frère. « Quand on est sans-papiers, en France, on n'a pas le droit de se plaindre. On n'a pas de droits tout court. »

CHAPITRE 9

Un patron qui leur veut du bien

Dans sa boulangerie, l'homme déambule de pièce en pièce, répondant aux sollicitations de ses employés et décrochant le téléphone tous les quarts d'heure pour gérer ses fournisseurs, échanger avec son banquier devenu un « ami » ou dénicher la bonne affaire où investir dans sa commune du nord-ouest de la France. Rachid est patron d'une boulangerie et d'un restaurant, après avoir détenu et géré trois boucheries qu'il a depuis revendues. Il fait partie de ces « patrons solidaires », qui cherchent à venir en aide aux personnes étrangères en France, et notamment aux sans-papiers. Il représente pour sa région le collectif du même nom, lancé par Stéphane Ravacley, le boulanger gréviste de la faim à Besançon. « Mais en réalité, je faisais déjà *ça* depuis un moment », dit celui qui aime mêler l'arabe au français et ponctue toutes ses phrases de « smitou » (traduisez, du dialecte marocain, « comment ça s'appelle » ou « comment dire »). *Ça* signifie venir en aide aux membres de sa communauté en les embauchant, lorsque ces derniers ont besoin et envie de travailler, même s'ils n'ont pas de document d'identité français qui le leur permette. Un acte qui peut lui valoir une amende forfaitaire, puisque l'embauche de salariés sans papiers est punie par la loi en France. « C'est une responsabilité, c'est sûr. Mais à partir du moment où la personne a envie de travailler et est compétente pour le job, tu es obligé de l'aider. Ce n'est pas juste le côté humain, la personne le mérite aussi sur le plan professionnel. »

C'est là tout le paradoxe : depuis 2012, la circulaire surnommée « Valls » permet aux personnes étrangères sans papiers de déposer une demande d'admission exceptionnelle au séjour en préfecture. Celle-ci peut être examinée – ou non – par la préfecture et la décision reste à la discrétion du préfet. Le demandeur doit disposer d'au moins vingt-quatre fiches de paie et apporter la preuve qu'il vit sur le territoire français depuis au moins deux ans. De manière très pragmatique, cela implique donc que la personne ait été embauchée tout en étant sans papiers, et ce alors que c'est illégal. Cet employeur doit également fournir un document Cerfa assurant avoir fait travailler le salarié en question durant une période donnée. Sans cela, le demandeur ne peut déposer sa demande, ce que dénoncent beaucoup d'associations et de chercheurs, qui y voient une forte dépendance du salarié envers celui qui l'embauche.

« Donc s'il s'est présenté comme travailleur portugais, mais toi, tu sais qu'il est marocain, tu vas mettre quoi sur le Cerfa ? », interroge Rachid lorsque je le rencontre. « Si tu écris marocain, ça veut dire que tu l'as embauché en sachant qu'il était sans papiers, et si tu mets portugais, la préfecture va te répondre qu'il n'a pas besoin de régularisation… C'est quand même bizarre, comme système. » Aujourd'hui, Rachid est français, marié et père de deux enfants. Mais il a lui-même été longtemps confronté aux affres de l'administration française. Arrivé en France à l'âge de 19 ans pour réaliser ses études supérieures en agriculture, il pense pouvoir rester en métropole mais détient en réalité une inscription à l'université de Guadeloupe. Il en rit encore aujourd'hui. « Je ne connaissais pas les outre-mer. C'est un oncle qui m'a expliqué, à mon arrivée à Paris, que j'étais censé prendre un autre vol pour Pointe-à-Pitre. » Il parvient à s'inscrire à Vendôme, dans le Loir-et-Cher. Il arrive avec 200 euros en poche, qui lui sont volés en quelques jours dans l'appartement où il est hébergé de façon temporaire. « Un sacré coup dur », résume-t-il. « Mon père était décédé trois mois plus tôt, c'étaient mes seules économies et je devais aider ma famille au Maroc. » Il repart de zéro et poursuit ses études avec l'idée fixe de devenir entrepreneur. Après trois années passées à Vendôme, il décide de partir pour l'Italie, où il décroche un contrat dans l'agriculture, qui lui permet également d'obtenir une carte de résident. Il y obtient un diplôme en fromagerie et transformation de viande.

« En 2010, j'essaie de revenir en France après avoir postulé pour un poste de fromager pour lequel on m'a retenu. Mais malgré le CDI qu'ils me proposaient et les difficultés de recrutement dans ce secteur, les autorités ont refusé de me délivrer l'autorisation de travail. » Après un tour de passe-passe, Rachid parvient à rejoindre Pau, dans les Pyrénées-Orientales, en tant que travailleur détaché, en passant par une entreprise intermédiaire basée en Slovaquie, qui fournit la France en main-d'œuvre qualifiée – mais payée au lance-pierre – dans les secteurs en tension. « J'ai connu toutes ces galères administratives que les étrangers doivent subir, la préfecture, l'inspection du travail, le ministère de l'Intérieur, du Travail… » déroule-t-il. Lorsqu'il tente de renouveler son autorisation de travail l'année suivante, il essuie un refus au prétexte qu'il a changé d'employeur entre-temps. Une phrase résonne dans sa tête tandis qu'il me livre son récit : « Le non-respect de la réglementation du travail lui seul suffit pour un refus de délivrance d'une autorisation de travail. » Chaque mot, chaque lettre est resté gravé dans sa mémoire à jamais.

Il quitte alors la ville pour rejoindre Nantes en 2011, où il parvient à obtenir l'autorisation de travail. « Mais une semaine plus tard, j'ai l'office français de l'immigration et de l'intégration [ou Ofii] qui me téléphone et me dit que je dois repartir en Italie, attendre d'avoir un visa et revenir ensuite. » Une hérésie. D'autant que Rachid détient depuis une carte de résident permanent italienne, qui lui permet de circuler et travailler en France sans visa. « Ils n'ont rien voulu savoir, jusqu'à ce que le service de la main-d'œuvre étrangère dépendant du ministère du Travail envoie un mail à l'Ofii et à l'entreprise, pour débloquer la situation. » Il finit par ouvrir une première boucherie en 2016, puis deux autres. Il embauche le premier salarié sans papiers la même année, pour l'une de ses boucheries. « Moustapha, un Marocain », se souvient-il. Celui-ci arrive de Marseille, où il travaille déjà dans une boucherie depuis deux ans. « Son employeur l'avait déclaré, mais seulement à temps partiel. Et lorsqu'il a fait sa demande de régularisation, elle a été refusée parce que l'employeur n'avait pas fourni les documents nécessaires. » L'homme reçoit une OQTF, il est anéanti. « Quelqu'un m'a mis en contact avec lui afin que je lui vienne en aide. Je l'avais déjà croisé par le passé, je lui ai donc proposé de venir et de voir ce qu'on pourrait faire. »

Moustapha est marié et a deux enfants, qui acceptent de le voir partir pour se donner une nouvelle chance. Rachid « prépare le terrain », crée une annonce de recrutement qu'il laisse en ligne trois semaines. L'employeur a l'intention de l'embaucher en tant que travailleur détaché et prend donc soin de respecter chaque étape nécessaire au recrutement d'un travailleur étranger en France, pour lequel il faut arriver à prouver qu'aucun candidat français ne s'est présenté ou ne correspondait aux attentes de l'entreprise. Moustapha se rend en Italie et se « débrouille » pour obtenir un titre de séjour temporaire. Il rejoint alors Rachid et se voit délivrer une autorisation de travail, grâce au document Cerfa fourni par la boucherie. « L'inspection du travail est venue nous visiter. Je leur ai expliqué combien le métier était en tension et je leur ai exposé les problématiques liées à la main-d'œuvre », se souvient le patron solidaire. L'employé finit par demander un titre de séjour salarié, que la préfecture lui octroie, non sans lui rappeler l'OQTF qui lui avait été délivrée quelques années plus tôt. « Mais ils ont été cléments, pour une fois. »

Il y a des préfectures qui se montrent indulgentes et sont connues pour traiter les demandes plus rapidement que d'autres. Tous les étrangers le savent. Le pouvoir discrétionnaire des préfets pousse certaines et certains à s'orienter vers tel ou tel département, espérant avoir plus de chances dans le traitement de leur demande. « Pour Moustapha, on est passés par la préfecture des Côtes-d'Armor, car je savais qu'elle était moins sévère que celle d'Ille-et-Vilaine », confie Rachid. Le reste de l'histoire est digne d'un film qui se finit bien. La femme et les enfants du salarié le rejoignent et entament une procédure de régularisation auprès de la même préfecture. Pour que la demande ait plus de chances d'aboutir, le patron consent à augmenter le salaire de Moustapha, qui doit prouver qu'il peut subvenir à lui seul aux besoins de sa famille. Au bout de trois ans de vie commune à Rennes, la famille obtient une carte de résident de dix ans – pourtant très difficile à obtenir.

Durant la crise sanitaire liée au Covid-19, Moustapha et sa compagne sont en « première ligne » : lui travaille toujours à la boucherie, elle a décroché un emploi en tant qu'agent d'entretien dans un établissement public. Grâce à leur investissement durant cette période difficile, le couple bénéficie des naturalisations exceptionnelles initiées par Marlène Schiappa (à l'époque ministre déléguée en charge de la Citoyenneté auprès de Gérald Darmanin) afin de faciliter l'obtention de la nationalité française pour les travailleurs étrangers en première ligne durant la pandémie. Ils deviennent alors français. « Par la suite, j'ai revendu ma boucherie à un tiers, qui l'a gardée un an et l'a ensuite revendue à Moustapha. Il est donc devenu français et patron », sourit-il, fier de ce parcours auquel il a contribué.

Un autre, Aziz, a travaillé dans le restaurant appartenant à Rachid et aujourd'hui tenu par deux associés, toujours dans le nord-est de la France. « Il travaillait déjà dans un autre restaurant auparavant. Il a fait une demande d'admission exceptionnelle au séjour en 2023, en utilisant les fiches de paie de son emploi précédent et de son emploi actuel chez moi. » Il a depuis été régularisé. Pour un autre, enfin, employé dans l'une des boucheries du patron, la démarche n'a pas abouti. Il aurait manqué des fiches de paie, égarées selon le salarié par l'agent de la préfecture. « Ou plutôt, l'agent ne les aurait pas toutes prises en compte. Je n'ai pas bien compris ce qu'il s'est passé. » Rachid assure avoir fourni le document Cerfa nécessaire à la demande.

Indirectement, estime-t-il, il fait de la politique. « Si la société française a besoin de toi et si tu as les compétences pour travailler dans mon commerce, *marhaba* (bienvenue) ». Comment peut-on pénaliser des personnes qui ne cherchent qu'à travailler dignement et qui respectent la loi, participent à l'effort national, épongent la dette de l'État ? « Ces gens font partie intégrante du tissu économique et social de la France mais ne sont pas reconnus. Alors on travaille en douceur, tout en respectant les valeurs de la République, pour faire émerger la problématique et sortir de la diabolisation de ce sujet », explique Rachid. C'est son combat et c'est pour mieux le mener qu'il a décidé de rejoindre le collectif « Patrons solidaires ». Stéphane Ravacley, qui avait entamé une grève de la faim pour éviter l'expulsion à son apprenti Laye, a « insufflé » ce mouvement et a permis d'ouvrir le débat. « Il a dit tout haut ce que beaucoup de patrons pensaient tout bas », clame l'entrepreneur.

Dans sa boulangerie flambant neuve, où il espère allier vente de pain artisanal, pâtisseries faites maison, pizzas et plats préparés, Rachid poursuit son action « militante » en faveur des travailleurs sans papiers. Ce jeudi-là, il rejoint Mounir, un jeune homme à la carrure ronde, lunettes sur le nez et tablier autour du ventre, qui dépose délicatement des morceaux de fraises sur chaque biscuit devant lui. Il s'empare ensuite de la crème, étouffée dans une poche en plastique, pour recouvrir le tout. Il se tourne vers moi : les tartelettes sont enfin prêtes. Mounir est pâtissier depuis treize ans. Il est venu d'Agadir, au Maroc, en 2017, avec un visa touriste qu'il a « grillé ». « Plutôt un visa tous risques », rit-il, un brin gêné. Car une fois qu'il expire, « c'est le début des galères ». Il vivait à Paris jusqu'en juin, et avait déjà travaillé dans plusieurs boulangeries-pâtisseries qui cherchaient à l'exploiter. « J'ai travaillé à Paris, dans les Yvelines puis à Noisy-le-Sec.

Ils cherchaient toujours à me payer moins que la normale, il fallait négocier tout le temps. » Le dernier employeur le rémunérait par chèque, en fin de mois, mais donnait une partie « au noir », en espèces.

Alors qu'il prépare les meringues, il raconte cette fois où la police a failli le coffrer aux côtés de cinq employés, lorsqu'il travaillait dans les Yvelines. Un contrôle avait eu lieu au petit matin, à 5 heures. Mounir venait de partir, il avait travaillé de nuit pour remplacer une collègue absente. « Beaucoup préfèrent travailler l'après-midi car il y a souvent des contrôles le matin. Ce jour-là, ils ont embarqué deux boulangers et trois vendeuses », regrette le jeune homme. Son ex-employeur avait promis de lui fournir le document Cerfa qui lui permettrait de déposer une demande de régularisation ; mais celui-ci lui a fait faux bond au dernier moment, alors que son dossier était prêt à être déposé en préfecture. « J'avais galéré à trouver un rendez-vous pour le dépôt du dossier. Et une fois que j'en ai trouvé un, il m'a annoncé qu'il ne me donnerait rien. » Le patron n'était pas très clair, poursuit-il, et avait des ennuis avec les impôts. « J'ai été exploité », reconnaît Mounir, qui a quitté la capitale, ainsi que sa colocation – il souligne l'impossibilité d'avoir un contrat de location en tant que sans-papiers – pour rejoindre Rachid et travailler à ses côtés.

Au-delà de trois ans de présence en France, la circulaire Valls demande « seulement » huit fiches de paie pour le dépôt d'une demande de régularisation. Maintenant qu'il a signé un CDI dans cette nouvelle boulangerie-pâtisserie, il compte attendre de les avoir pour déposer sa demande. Il détient toutes les preuves de sa présence en France depuis sept ans, telles que ses avis d'imposition, sa carte de l'aide médicale d'État, son abonnement internet ou sa carte bancaire. « Et même si tu as des fiches de paie, la préfecture doit pouvoir vérifier que cet argent rentre bien sur ton compte bancaire. » Il garde donc bien précieusement ses relevés bancaires mensuels. Pour Rachid, ce nouvel employé a toutes ses chances d'obtenir une régularisation. « Maintenant, tout dépend de la préfecture et de la complexité de la procédure. Ici, il y a un service dédié à cette question, sans rendez-vous, ce qui n'est pas forcément le cas ailleurs. » Il fournira le document Cerfa nécessaire à sa demande. Il en fera de même pour le boulanger, qui participe aussi au développement du service traiteur. Son tajine est exquis, vante Rachid. Je le vois passer furtivement près du four afin de vérifier la cuisson des baguettes, désormais bien dorées. La silhouette fine, une petite barbe de trois jours et une toque sur la tête, il nous sourit mais ne dit pas un mot. Lui et Mounir sont venus de Paris pour renforcer l'équipe de Rachid qui, une semaine avant l'ouverture de son nouvel établissement, n'avait toujours aucun employé. « Les difficultés de recrutement dans ce secteur et dans d'autres sont une réalité. Les seuls qui sont motivés à travailler, ce sont eux », dit-il au sujet des travailleurs étrangers et des sans-papiers en particulier. « La plupart des gens sont dans la même situation que moi, ajoute Mounir. Dans n'importe quel domaine, comme le bâtiment, on retrouve des sans-papiers. La main-d'œuvre étrangère est devenue la base. »

Rachid a bien tenté avec d'autres salariés, mais ils arrivaient en retard, n'étaient pas sérieux et laissaient le pain brûler régulièrement. Aujourd'hui, il assume d'avoir dans son équipe une femme française voilée, un pizzaiolo italien, deux Marocains sans papiers et un jeune apprenti. Pour convaincre Mounir et son ami de venir travailler à ses côtés, il leur a proposé un hébergement. Celui-ci est attenant à la boulangerie : on y accède par l'arrière de la boutique, dans un petit immeuble disposant d'un espace de vie commune au rez-de-chaussée et de chambres à l'étage. « Ils paient un loyer modique et ils ne perdent pas de temps avec le transport. Si tu ne proposes pas l'hébergement en plus du boulot aujourd'hui, tu n'as personne », affirme-t-il. Bien sûr, il pourrait avoir des ennuis avec les autorités. La situation s'est d'ailleurs déjà présentée. C'était en 2019, après la visite de la police aux frontières (PAF) dans l'une de ses boucheries. « La PAF est venue nous visiter par deux fois. La deuxième fois, ils ont embarqué un Algérien mais ne l'ont pas expulsé, heureusement. Parce que je lui avais fait un contrat et je l'avais déclaré. » Ensuite, ils auraient voulu le « faire passer devant le procureur », mais la situation se serait finalement arrangée. Rachid dit avoir employé au moins vingt-cinq personnes depuis l'ouverture de son premier commerce en 2016.

CHAPITRE 10

La mobilisation des collectifs de sans-papiers

Avec l'envie irrépressible d'obtenir leur insertion dans la société, des collectifs de sans-papiers luttent depuis des décennies pour la régularisation, menant des actions « coup de poing » çà et là, organisant des manifestations au cœur de la capitale et en région pour faire entendre leur voix. Le 17 octobre 2023, alors que j'achève mon enquête sur les travailleuses et travailleurs sans papiers en France, le collectif des Gilets noirs, qui lutte pour la reconnaissance des droits des travailleurs immigrés et sans papiers, frappe fort : plusieurs centaines de membres et leurs soutiens se retrouvent à l'aube pour bloquer et occuper le chantier de l'Arena Adidas, porte de la Chapelle, à Paris. À quelques mois du début des Jeux olympiques de Paris, il s'agit de montrer combien les ouvriers sans papiers restent exploités par le patronat, ravi de pouvoir utiliser une main-d'œuvre volontaire et corvéable à merci. Le groupe Bouygues Construction en fait partie. L'action fait suite aux opérations de tractage réalisées le mois précédent, m'explique Moussa. « Nous étions plusieurs centaines ce matin-là, avec le soutien des syndicats Confédération nationale du travail – Solidarité ouvrière (CNT-SO) et la CGT », relate-t-il. Grâce à la mobilisation, le groupe parvient à identifier de nouveaux travailleurs, qui voient là l'occasion de dénoncer leur situation, jusqu'ici tue par crainte de représailles ou de licenciement abusif. Dans la matinée, Étienne, représentant de la CNT-SO, prend la parole devant une assemblée d'ouvriers, tous originaires d'Afrique subsaharienne, tous sans papiers. Les responsables des entreprises concernées par ce chantier devraient se présenter sur le site, leur apprend-il. Un responsable de la Ville de Paris, en charge du suivi des travaux, doit également se rendre sur place pour amorcer un dialogue. « J'ai réexprimé nos revendications, c'est-à-dire des Cerfa, la reprise du travail pour tous les salariés licenciés ces derniers mois à la suite de nos interventions, et une rencontre avec les services du ministère du Travail. » Les discussions sont lancées dans l'après-midi. De manière inédite, un représentant du groupe Bouygues Construction s'assoit à la table des négociations. Les tractations durent des heures. Valérie, une membre des Gilets noirs, y participe, de même qu'Anzoumane Sissoko, figure historique de la lutte pour la régularisation des travailleurs sans papiers, ancien délégué de la Coordination des sans-papiers de Paris (CSP75). Ce dernier est présent au titre de son mandat d'élu à la Ville de Paris, puisqu'il est désormais en charge des solidarités internationales et des parcours d'accueil à la mairie du VIIIe arrondissement. « Les discussions avancent bien », me confie-t-il lorsqu'il quitte les lieux pour honorer un autre rendez-vous. Les acteurs rédigent un cadre d'accord. « Si les discussions reflètent ce qu'ils vont mettre sur le papier, il ne devrait pas y avoir de problème. » À l'extérieur, devant l'entrée du chantier, Moussa veut croire que la bataille lancée pour ses camarades sans papiers peut aboutir. En fin de journée, alors que les ouvriers sans papiers et leurs soutiens chantent et dansent au rythme des tam-tams, l'annonce tombe. Ils ont gagné. Tous les travailleurs concernés par ce chantier obtiendront le fameux document Cerfa de l'entreprise qui les a embauchés, de façon à pouvoir déposer une demande d'admission exceptionnelle au séjour en préfecture. Cette victoire express, sans doute aussi facilitée par la Ville de Paris, vient redonner espoir à celles et ceux qui n'y croyaient plus. Elle conforte les plus convaincus que la mobilisation collective finit un jour par payer.

Quelques mois plus tôt, en plein mois de juillet, le collectif Schaeffer, surnommé ainsi pour sa première occupation de bâtiments vides situés rue Schaeffer à Aubervilliers, subissait un sérieux revers après des années de lutte pour faire reconnaître son droit à l'hébergement et à la régularisation. « On a reçu un commandement de quitter les lieux de la part d'un huissier », constate Aboubakar, l'un des leader du collectif, fin juin, depuis le squat qu'il occupe à Aubervilliers. Ce n'est pas le premier courrier qu'il reçoit : le propriétaire de ce hangar, accueillant autrefois un magasin discount, souhaite récupérer son bien squatté pour pouvoir le revendre. Et cette fois, des acheteurs sont intéressés. Le collectif Schaeffer organise une réunion visant à mobiliser les habitants, mais aussi leurs soutiens. Depuis des années, le personnel du centre d'accueil et d'orientation de Médecins du monde les accompagne dans leurs démarches, notamment judiciaires. Car une partie des résidents ont fait valoir leur droit à l'hébergement auprès de la justice, qui les a reconnus prioritaires grâce à une procédure dite « Daho », pour Droit à l'hébergement opposable. Le préfet de la Seine-Saint-Denis a été condamné en 2019 à verser une astreinte financière, par jour et par personne, jusqu'à ce que les membres du collectifs soient relogés. Mais il a préféré ne pas lever le petit doigt, jusqu'à l'évacuation du squat, le 25 juillet 2023 au matin.

Ce jour-là, Aboubakar voit son monde s'écrouler. Il est l'un des leaders du collectif et se bat depuis des années pour visibiliser leur situation auprès du grand public. À l'extérieur du hangar, il entend le son des tractopelles affairées à détruire leur logis, faire tomber les cloisons qu'ils avaient élevées pour simuler des pièces de vie et un semblant d'intimité, fracasser la cuisine où les femmes s'organisaient à tour de rôle pour préparer les repas de la communauté. Leur seule solution de repli est la tente ; cet abri de fortune que les exilés de la région parisienne connaissent trop bien, faute d'hébergement ou de logements dignes de ce nom. J'entends encore ce jeune homme me confier qu'une nuit, il avait été réveillé par une douleur intense à l'oreille. Un rat avait réussi à s'immiscer à l'intérieur de sa tente et l'avait mordu. Je n'oublierai jamais son regard, devenu fou au moment où il me livrait le récit de cette scène. « Mais la police nous chasse, elle ne veut pas qu'on reste ici », souffle Aboubakar, m'expliquant devoir s'éloigner de leur ancien squat pour s'installer près du canal. La plupart des femmes obtiennent un hébergement temporaire via le 115, le numéro de téléphone du Samu social, tellement saturé qu'il ne répond quasiment plus aux bénéficiaires, surtout lorsqu'il s'agit d'hommes ou de femmes seuls. Pour beaucoup au sein du collectif, le sentiment d'échec est immense. La mobilisation et la médiatisation de leur situation n'ont pas eu les effets escomptés. Certains sont partis à la recherche d'un nouveau lieu de vie. D'autres sont restés, convaincus qu'en restant unis, ils obtiendraient victoire un jour.

En région parisienne, un autre collectif bataille depuis deux ans pour la régularisation de tous ses membres. Ce sont les travailleurs du groupe La Poste, à l'origine de trois piquets de grève lancés à l'automne 2021 à Alfortville (Val-de-Marne), au

Coudray-Montceaux (Essonne) et à Gennevilliers (Hauts-de-Seine). Le piquet de l'agence DPD au Coudray-Montceaux a très vite été évacué par les forces de l'ordre. L'allée qui mène au centre de tri de Chronopost, à Alfortville, est en revanche toujours occupée par les grévistes, qui y ont installé leurs tentes, leurs effets personnels et leur quotidien. Beaucoup d'entre eux ont été embauchés sous alias, par l'agence intérim Derichebourg, en utilisant l'identité d'un autre, mais celle-ci refuse de le reconnaître. Le groupe La Poste ne veut rien entendre non plus, estimant qu'il incombe aux sociétés sous-traitantes de garantir que le personnel qu'elles emploient et qu'elles mettent à disposition est bien en règle. Si l'hypocrisie devait un jour s'inspirer d'une histoire, ce pourrait être celle qui lie les grandes entreprises aux travailleurs précaires sans papiers. Les grévistes sont soutenus, depuis le début, par le Collectif des travailleurs sans papiers de Vitry-sur-Seine (CTSPV) et les syndicats Solidaires ou CGT-TEFP du ministère du Travail. Ils participent à toutes les mobilisations sociales que connaît le pays, notamment les manifestations visant à contrer la réforme des retraites. Dans les cortèges, Aboubacar Dembele, aux côtés de ses camarades qui défilent une banderole à la main, ne lâche rien. Il crie de toutes ses forces pour se faire entendre : « On est concernés en tant que sans-papiers. Non seulement les années de travail qu'on aura faites sans être déclarés ne nous permettront pas de bénéficier de cette solidarité-là ; mais s'il faut en plus continuer jusqu'à 64 ans à décharger les marchandises, manipuler le marteau-piqueur, faire le ménage dans les restaurants avec des horaires difficiles, on sera morts avant la retraite ou bien on la passera à l'hôpital… »

À leurs côtés, Bchira Ben Nia, déléguée de la Coordination des sans-papiers de Paris (CSP75), leur apporte un soutien inconditionnel. Dans sa main, un tract réclamant la « liberté », sur lequel une femme lève le poing en signe de victoire, où ces mots sont inscrits en lettres capitales : « DARMANIN NE FERA PAS SA LOI ! » Elle est tunisienne, ancienne sans-papiers, désormais fer de lance de la mobilisation collective en faveur des droits des immigrés. Je rencontre Bchira pour la toute première fois lors de la marche nationale des sans-papiers, dans les rues de Paris, en octobre 2020. Celle-ci est organisée par la Marche des solidarités et démarre de plusieurs villes de France, dont Marseille, Montpellier, Lyon ou Strasbourg, pour rejoindre la capitale. Toutes et tous nourrissent l'espoir de rencontrer, à l'issue de cette marche longue d'un mois, le président de la République pour ouvrir des discussions sur la régularisation des sans-papiers. « On tenait à faire entendre la question des sans-papiers aux plus hautes sphères de l'État », rappelle Ali, membre de la Marche des solidarités. Emmanuel Macron préférera laisser sa porte close, ignorant l'appel de plusieurs milliers de personnes venues l'inviter à se mettre au diapason avec la solidarité dont font déjà preuve beaucoup de citoyens français. Pour les marcheurs, cette fin de non-recevoir s'apparente à du mépris. L'exécutif continue de faire comme si « les sans-papiers n'existaient pas ». Le président avait pourtant reçu le message. Un courrier en recommandé lui a été adressé par la Poste et les collectifs ont largement communiqué sur cette intention sur les réseaux sociaux. Pour Anzoumane Sissoko, de la CSP75, rien d'étonnant. Il sirote un café crème, entouré d'ouvriers en bleu de travail dans un bar PMU de la capitale, tandis qu'il partage avec moi sa vision du chef de l'État. Emmanuel Macron « méprise déjà » les syndicats, les adversaires politiques et le peuple français. « Normal qu'il méprise aussi les sans-papiers. » Cette marche nationale reste malgré tout un succès selon lui : dans une période de crise sanitaire, où les restrictions des droits et libertés publiques ont atteint leur paroxysme, des milliers de personnes ont défilé, le visage masqué, pour défendre et revendiquer les droits des personnes immigrées en France. Elle a aussi permis de créer de nouvelles dynamiques, avec la création de collectifs au niveau local, à Montpellier, Grenoble, Rennes ou Lyon. Les victoires ne se mesurent pas uniquement à l'ouverture de guichets en préfecture, souligne Anzoumane Sissoko mais aussi à « la visibilité gagnée grâce à la mobilisation, qui permet de se rassembler pour se battre ensemble. » Depuis plus de vingt ans, le Malien, agent d'entretien, veille jour et nuit à maintenir la flamme de la mobilisation collective. Il écoute celles et ceux qui se présentent à lui dans l'espoir de trouver une oreille attentive et d'être soutenus dans leurs démarches administratives. Il étudie leur dossier, les consolide lorsque c'est nécessaire. Il a ses entrées à la préfecture de Paris, où il est régulièrement reçu depuis bientôt vingt-deux ans. « On a commencé avec l'occupation de la basilique Saint-Denis en 2002 », se souvient-il. Sarkozy vient d'être nommé ministre de l'Intérieur, la mobilisation prend à Paris et ailleurs en Île-de-France, les collectifs s'organisent. « La préfecture décide de nous recevoir. C'est une période très importante pour les collectifs de sans-papiers parce que c'est à partir de là qu'on parvient à ouvrir un dialogue avec les autorités. » Les sans-papiers se pressent sur le parvis de l'église, comme le raconte un article du *Monde* daté de 2002. Tous caressent l'espoir d'être inscrits sur les fameuses listes – celles qui seront transmises en mains propres au préfet lors d'une rencontre avec les délégués de la Coordination, censés plaider leur cause en faveur d'une régularisation. Entre 2002 et 2004, cent vingt régularisations sont obtenues en moyenne tous les quarante-cinq jours. Le mouvement s'inspire alors de l'occupation de l'église Saint-Bernard, dans le XVIIIe arrondissement de Paris, six ans plus tôt. Celle-ci avait été évacuée par les forces de l'ordre, dans une réponse disproportionnée du gouvernement Juppé, se voulant, déjà à l'époque, « ferme » à l'endroit des étrangers et des mobilisations sociales, quelques mois après les grèves contre la réforme des retraites de 1995. Une majorité des occupants est toutefois régularisée et obtient un titre de séjour sous le gouvernement Jospin en 1997. Le 24 juin de cette même année, la circulaire Chevènement marque un tournant historique et permet la régularisation de 80 000 personnes en situation dite irrégulière sur le territoire français. « Il y a eu un autre moment historique », commente Anzoumane Sissoko, en référence à l'occupation de la Bourse du Travail en 2008. 1 300 personnes sont concernées, dont 300 sont présentes uniquement la nuit. Le délégué de la CSP75 lance des négociations avec le ministre de l'Intérieur de l'époque, Brice Hortefeux. Sur la seule période de 2008 à 2013, la coordination compte entre cinquante et quatre-vingts régularisations par mois. « À la sortie de la Bourse, on obtient 300 convocations à la préfecture d'un coup. C'est énorme », fait-il remarquer, l'air pas peu fier. Il marche 840 kilomètres aux côtés de milliers de sans-papiers en 2010, pour rallier Nice depuis Paris, où doivent se retrouver plus de cinquante chefs d'État à l'occasion d'un sommet France-Afrique. « On a fait la une de *Nice Matin*. C'était très fort. » Et puis, vient l'occupation de l'ancienne Caisse primaire d'assurance maladie de la rue Baudélique, dans le XVIIIe arrondissement de Paris. Celle-ci débute en juillet 2009 et concerne près de 2 000 personnes.

Mariama Sidibé, une Sénégalaise née au Mali, fait partie de ces occupants qui luttent pour leur régularisation. Elle se souvient de la cohésion et de la détermination qui les saisissaient alors. « La plupart d'entre nous dormions là-bas, sauf les personnes qui travaillaient de nuit et qui n'avaient pas d'autre choix. Certains avaient déjà occupé la Bourse avant et poursuivaient le combat. » Alors que les négociations sont amorcées avec la préfecture de Paris, il ne reste qu'une seule personne à ajouter sur la liste. 326 convocations doivent alors être rédigées, pas une de plus. « Anzoumane m'a choisie, moi », se réjouit encore Mariama, qui précise tout de même avoir été « très active » sur place durant la mobilisation, comme pour signifier que la décision était amplement justifiée. « On a tous été régularisés, avec un titre de séjour "vie privée familiale" pour la plupart d'entre nous. » Mariama est régularisée fin 2010. La CSP75 estime avoir quasiment ouvert un guichet unique pour les sans-papiers de la rue Baudélique à cette époque-là en instaurant un « véritable rapport de force » avec l'administration. Anzoumane parvient à « transformer » son récépissé en titre de séjour en une semaine seulement. « S'il n'y avait pas eu cette mobilisation, nous n'aurions jamais été régularisés », insiste-t-elle aujourd'hui. Elle continue de participer aux manifestations portées par les collectifs d'Île-de-France, en soutien des camarades encore sans papiers. Certaines réunissent jusqu'à 10 000 personnes lorsqu'elles sont organisées le week-end, selon Anzoumane Sissoko. Chaque vendredi après-midi, un groupe plus restreint se donne rendez-vous place de la République à Paris pour un rassemblement suivi d'une manifestation. Chaque semaine, chaque mois, chaque année ; qu'il pleuve, qu'il neige ou qu'il vente. « On est là. C'est ça qui montre aussi notre sérieux à la préfecture et ce n'est pas négligeable. » L'ancien délégué de la CSP75, aujourd'hui élu à la Ville de Paris à la mairie du XVIIIe arrondissement, tient à maintenir ces actions se voulant pacifiques, mais qui « dérangent ». « On bloque la route et on fait du bruit, mais on ne porte pas atteinte aux personnes ni aux biens publics. » Une méthode qui permet d'ouvrir le débat au sein de la société et oblige les autorités à les voir et à les entendre. Chaque vendredi, Moussa est présent aux côtés des camarades sans papiers. « Je m'arrange pour y aller avant de me rendre au travail et de prendre le train. »

Anzoumane suit son dossier de près ; tous deux se connaissent bien désormais. Dès son arrivée en France, il lui murmure à l'oreille des conseils avisés : « Il faut trouver un travail bien sûr, mais la communauté et l'entraide sont aussi très importantes. » Moussa fait des « erreurs », tente de se débrouiller seul. Il achète ce fameux faux titre de séjour, « juste pour travailler », s'acharne-t-il à répéter. « Mais la préfecture ne pardonne pas ce genre de choses », souligne Anzoumane Sissoko. C'est ce qui vaut à Moussa l'interdiction de retour sur le territoire français dont il fait l'objet aujourd'hui, malgré un parcours exemplaire. Bien sûr, l'employeur se met aussi en faute s'il ne prend pas soin de vérifier l'authenticité du document d'identité présenté par le travailleur. De manière générale, la préfecture pardonne peu l'utilisation de « faux » documents. L'ancien délégué de la CSP75 se souvient avoir bataillé cinq années durant pour obtenir la régularisation de deux travailleurs sans papiers ayant utilisé une fausse carte d'identité française. « À la préfecture, le responsable m'a dit qu'ils avaient touché au cœur du système français. » L'homme finit par céder, au moment où il quitte ses fonctions pour être nommé préfet des Hautes-Alpes en 2013. Il régularise alors six personnes dont le dossier est particulièrement complexe avant de partir. « Il nous disait souvent que notre lutte était juste et que nous faisions un vrai travail de service public », se souvient Anzoumane Sissoko. Tous ces accords sont tacites, il n'y a jamais rien d'écrit. Il dit tirer son chapeau à ces représentants de préfectures qui ne portent pas l'uniforme mais que l'attitude rend respectables.

Il n'est pas toujours aisé de tenir la parole donnée, explique-t-il. « En vingt-deux ans d'implication dans le mouvement des sans-papiers en France, ça n'a pas toujours été facile de convaincre tous ceux qu'on a croisés. Mais une fois qu'ils ont dit oui, ils ont toujours respecté leur parole. On a compris qu'on pouvait leur faire confiance. » Anzoumane Sissoko se refuse à tenir un décompte précis des régularisations. En « arracher » une doit pousser la communauté à poursuivre sa lutte pour les suivants. Depuis 2008, ce sont sans doute des dizaines de milliers de personnes qui ont été régularisées grâce à la mobilisation collective. Lorsque je le rencontre tout près de la place de la République à Paris en 2023, il évoque environ soixante-dix régularisations déjà acquises, dont deux pour des participants à la manifestation organisée à Montpellier en 2021, à l'occasion d'un sommet France-Afrique durant lequel Emmanuel Macron avait annoncé vouloir parler à la jeunesse africaine. Ce jour-là, les forces de l'ordre prennent les membres du collectif par surprise et les attendent, sur le quai, à la sortie du train, pour en interpeller une partie de manière totalement arbitraire. La manifestation avait pourtant été déclarée à la préfecture de Paris comme à celle de l'Hérault. Sur les vingt-huit participants, huit sont arrêtés et se voient délivrer une interdiction de retour sur le territoire français. Leur placement en rétention est rapidement annulé par le juge des libertés et de la détention, qui ne manque pas de pointer une « arrestation déloyale ». Aujourd'hui, Anzoumane Sissoko continue d'accompagner des sans-papiers en préfecture pour tenter d'arracher de nouvelles régularisations. « Je suis plus en retrait de la CSP75 vu que je suis élu », précise-t-il. Les rencontres sont plus espacées qu'autrefois, notamment depuis 2019. La CSP75 parvient à s'entretenir avec des responsables tous les trois mois environ. Il n'y a pas qu'elle : de nombreux citoyens, qu'ils soient impliqués auprès d'une association ou non, font partie de ces « pousse-papiers » qui accompagnent dans la durée ces mouvements de mobilisation collective.

Dans l'une des salles du foyer Édouard-Branly à Montreuil-sous-Bois, en Seine-Saint-Denis, je retrouve Martine Doucouré, entourée de plusieurs habitants du foyer. Elle agite ses mains comme pour mieux se faire entendre : depuis six mois, elle vient chaque mardi rencontrer les personnes vivant ici, dont de nombreux sans-papiers qui travaillent et n'aspirent qu'à pouvoir vivre avec dignité en France. Elle suit pas moins de 146 dossiers, pour un total de 415 habitants. La retraitée, anciennement fonctionnaire à la Ville de Paris, a cessé de compter le nombre de sans-papiers qu'elle a accompagnés. « J'ai commencé avec mon mari il y a vingt-sept ans et je n'ai jamais arrêté », confie-t-elle. Le visage rond, Martine Doucouré plonge ses yeux bleus, entourés de lunettes rectangulaires rouges, dans ceux de ses interlocuteurs pour mieux les cerner. Lorsqu'elle ouvre la bouche, une forte voix s'en échappe et vient accaparer l'attention de quiconque l'entend. Lorsqu'elle épouse son conjoint fin décembre 1995 à Paris, après l'avoir rencontré en boîte de nuit, elle ignore tout ou presque du sujet de l'immigration. « Je ne savais même pas ce qu'était un sans-papiers. » Elle se rend naïvement à la préfecture de police de Paris pour demander la marche à suivre pour que son mari obtienne un titre de séjour. Le responsable qui la reçoit, au huitième bureau – celui de l'éloignement –, lui répond que son mari doit se présenter ici avec son passeport, sa valise et ses effets personnels, en vue d'être expulsé vers le Mali. « J'ai refusé. Ils ont quand même gardé son passeport en otage, c'est ce qu'ils font lorsqu'ils veulent se laisser une chance d'expulser un étranger. » Martine Doucouré rentre chez elle dévastée, consciente de devoir annoncer l'une des pires nouvelles à son conjoint. Mais elle est déterminée. Puisque c'est la seule méthode pour qu'il soit régularisé, elle s'organise pour lui acheter un billet d'avion pour Bamako, puis lance une demande de visa long séjour pour conjoint de Français. « Pour obtenir ce visa-là, il faut une reconduite volontaire. Une fois qu'il est obtenu, il a valeur de premier titre de séjour "vie privée et familiale". » Elle téléphone tous les jours au consulat de France à Bamako pour s'enquérir de la demande. Quinze jours plus tard seulement, son mari obtient son visa et revient en France. « Et voilà, commente-t-elle dans un rire incontrôlé. Il était en règle, libéré mon camarade ! » C'est ainsi qu'elle « rentre » dans la lutte des sans-papiers.

La suite est celle de l'histoire de tous ces collectifs, auprès de qui elle se bat sans relâche depuis 1996. Il y a d'abord l'occupation de l'église Saint-Bernard le 18 mars de cette année-là, durant quarante-huit heures. Martine Doucouré dispose encore aujourd'hui des photos qui ont immortalisé ce « moment historique ». Tout récemment, elle a invité Ababacar Diop, l'un des leaders de cette bataille, à venir s'exprimer devant les occupants du foyer Branly. Une façon de transmettre l'héritage de la lutte des sans-papiers aux suivants. « C'est une grande chance d'avoir eu son témoignage », commente Alfousseny, l'un des délégués des résidents. Martine Doucouré se souvient aussi de l'un des pires drames de l'immigration en France ; celui de l'incendie de l'hôtel Paris-Opéra, le 15 avril 2005. Vingt-cinq personnes décèdent ce jour-là. Certains survivent en se défenestrant et restent handicapés à vie. « Après le drame, on a fait un courrier à Nicolas Sarkozy, alors ministre de l'Intérieur, pour réclamer la régularisation de tous les survivants. On a été reçus par son directeur de cabinet et on l'a obtenue sans discussion. » S'ensuit l'occupation de la Bourse du Travail, puis de la Caisse primaire d'assurance maladie rue Baudélique, entre 2009 et 2010. À chaque étape de ces mobilisations collectives, Martine Doucouré est là. Elle rencontre Anzoumane Sissoko ; ce dernier devient même un ami qu'elle « respecte énormément ». Elle marche à ses côtés de Paris à Nice, puis en 2012, à l'occasion de la marche européenne visant à alerter les États européens sur la condition des sans-papiers tout en élargissant le soutien dont ils bénéficiaient. « Les soutiens étaient terrorisés à l'idée qu'on franchisse les frontières... Mais le collectif était tellement galvanisé qu'il n'avait peur de rien », se souvient Anzoumane Sissoko. Depuis sa retraite, prise en 2017, Martine Doucouré ne fait plus que cela. Ses journées sont ponctuées de rendez-vous, qu'elle donne le plus souvent à son domicile dans le XVIe arrondissement de Paris. Son téléphone ne cesse de sonner, venant lui rappeler les sollicitations de tel ou tel sans-papiers dont le dossier attend d'être constitué. « Je dois avoir au moins quatre-vingts dossiers en ce moment chez moi », estime-t-elle en dégainant son smartphone, sur lequel son agenda s'affiche. Chaque journée mentionne un ou deux noms différents, avec la mention « complément de dossier » ou « rendre le dossier ». La retraitée demande à quiconque vient la voir la somme de cinquante euros, correspondant aux photocopies et à l'usage d'un ordinateur dans un cybercafé situé place de la Nation, sur son trajet vers le foyer, où elle a ses habitudes depuis de nombreuses années. Elle ne gagne pas d'argent, jure-t-elle, « au contraire ». Elle accuse certains avocats de la capitale de s'enrichir sur le dos des migrants. Ces derniers paieraient jusqu'à 3 000 euros sans voir de résultats. « Certains vont même distribuer leur carte de visite à Barbès ou à la Chapelle. Ceux-là ne m'aiment pas beaucoup et m'interpellent quand ils me croisent dans la cour de la préfecture, en me disant que je ne suis pas avocate. Ils considèrent sans doute que je leur prends de potentiels clients. »

Depuis 2013, Martine Doucouré bénéficie d'un label, nommé « Qualipref 2.0 », qui lui permet d'aller et venir dans l'enceinte de la préfecture de Paris à chaque fois qu'elle accompagne le public étranger. Ancienne membre exécutive du Mouvement contre le racisme et pour l'amitié entre les peuples (MRAP), elle est sollicitée par le sous-directeur de l'administration des étrangers de l'époque, David Julliard, qui lui propose cette certification en raison de son expérience des demandes de titres de séjour par des ressortissants étrangers et du fonctionnement de la section admission exceptionnelle au séjour. Le MRAP se réunit et donne son autorisation. Depuis, elle entretient des relations cordiales avec l'administration et observe l'attitude de chaque agent en préfecture. En 2021, elle fait un signalement concernant l'un d'eux : « Elle parlait très mal aux gens. Dès qu'elle voyait un étranger, elle lui criait dessus pour lui demander de se mettre contre le mur. » Elle ne la reverra plus au contact des usagers étrangers. Dans ce milieu, dit-elle, mieux vaut maîtriser son sujet, « sans se prendre pour un cow-boy », et savoir faire preuve de diplomatie. Martine Doucouré plonge sa main dans la mallette qui ne la quitte jamais. Elle en sort un épais dossier, parfaitement rangé et classé, dans lequel se trouvent la circulaire Valls, le document Cerfa que tout employeur doit remplir pour la régularisation de l'un de ses employés sans papiers, mais aussi une fiche de concordance préremplie, pour les demandes de régularisation concernant les travailleurs sous alias. Elle est aussi sollicitée par des employeurs, comme certains restaurateurs des beaux quartiers parisiens, qui ont besoin d'aide pour régulariser leur employé et se sentent perdus face à des procédures qu'ils jugent trop lourdes.

« Il faut utiliser la loi, qui heureusement a évolué. Auparavant, il fallait au moins dix ans à un sans-papiers pour avoir une chance d'être régularisé. C'est passé à trois à cinq ans aujourd'hui avec la circulaire Valls. » Pendant des années, souligne-t-elle, ce sont des syndicats comme la CGT et les associations qui ont bataillé pour la régularisation des sans-papiers par le travail. Aujourd'hui, elle tente de transmettre son savoir aux collectifs qu'elle accompagne dans la durée. « Elle nous forme souvent en fin de journée, après le travail ou après nos réunions d'information », se réjouit Alfousseny, le délégué des résidents. Martine Doucouré est malade et se bat désormais contre le cancer. « Il faut bien qu'ils se débrouillent, si un jour je ne suis plus là », lâche-t-elle en quittant la salle, avançant péniblement. Ses jambes ne lui permettent plus, regrette-t-elle, de marcher comme au bon vieux temps, lorsqu'elle avalait des kilomètres aux côtés des sans-papiers pour revendiquer leurs droits. Dans les couloirs du foyer, alors qu'elle approche des escaliers, un résident la taquine : « Ça va aller ? » « Ils me prennent pour une vieille », rit-elle. Ce sont eux qui lui donnent la force de s'accrocher. Ceux qu'elle qualifie de « réfugiés économiques », originaires des anciennes colonies françaises, que l'on se doit d'accueillir. « Il y a de la place pour tout le monde. J'estime qu'à partir du moment où on se respecte, on peut vivre ensemble. »

CHAPITRE 11

Un énième projet de loi

Malgré ces exemples de luttes collectives, les gouvernements successifs sous Emmanuel Macron ont choisi de les ignorer. Dans un contexte où l'extrême droite gagne de plus en plus d'audience et d'électeurs d'année en année, sans doute eût-il été trop risqué d'accepter de régulariser plusieurs milliers de personnes simultanément. Emmanuel Macron n'est pas le premier à avoir rejeté d'un bloc l'idée d'une « campagne de régularisation massive », tant redoutée par la droite et l'extrême droite. Il ne sera sans doute pas le dernier. Alors que les collectifs poursuivent leur mobilisation pour faire reconnaître leurs droits, l'État se contente de répondre par un énième projet de loi sur l'immigration et l'asile, annoncé par voie de presse par Gérald Darmanin à l'été 2022. « Quand on est étranger et qu'on arrive sur le sol national, on respecte les lois de la République ou alors on s'en va », déclare-t-il alors, disant assumer une « forme de double peine ». Le ministre de l'Intérieur promet de la « fermeté » et des « mains qui ne tremblent pas ». Le ton est donné. Lorsque le texte du projet de loi fuite pour la première fois, il laisse entrevoir le détail de ses volets répressifs, visant en partie à faciliter l'expulsion des étrangers dits délinquants – sans qu'on sache très bien ce que cela recouvre –, à procéder à des retraits de titres de séjour ou de cartes pluriannuelles « en cas de rejet des principes de la République », à réduire le champ des protections contre les obligations de quitter le territoire français en cas de menace grave pour l'ordre public… Gérald Darmanin le crie haut et fort au micro de plusieurs médias venus l'interroger : « On veut être gentil avec les gentils, c'est-à-dire avec les étrangers qui veulent travailler en France, respecter nos règles, parler notre langue, être amoureux de notre drapeau ; et être méchant avec les méchants, nous devons accepter que quelqu'un qui ne veut pas s'intégrer, qui ne respecte pas nos règles, qui commet des actes de délinquance ne doit pas rester sur le sol national. » En contrepartie de ces mesures censées rassurer toutes celles et ceux qui s'élèvent aujourd'hui contre l'immigration, le ministre de l'Intérieur, accompagné de son collègue Olivier Dussopt, alors ministre du Travail, propose un titre de séjour « métiers en tension » ; une annonce qu'ils réservent au quotidien *Le Monde* dans un entretien exclusif paru en novembre 2022, soit quelques mois avant la date initiale de l'examen du texte au Parlement. La droite et l'extrême droite n'ont pas tardé à hurler à une « campagne de régularisation massive ». Les députés de la majorité les plus sensibles au sujet de l'immigration y voient une mesure « humaniste » dans un texte se voulant ferme à l'endroit des étrangers, à l'instar de Stella Dupont, que je rencontre tout près de l'Assemblée nationale en décembre, pour un échange croisé avec la députée communiste Elsa Faucillon. À ce moment-là, la députée de Renaissance veut croire à ce projet qui ambitionne de mêler « fermeté et humanité », à l'image de la politique très macronienne du « en même temps ». Je l'interroge sur cette mesure annoncée s'agissant des travailleurs sans papiers exerçant dans les métiers en tension et leur potentielle régularisation.

Combien de personnes seraient concernées par cette mesure ? « Il n'y a pas de chiffres et il ne faut pas qu'il y en ait », répond-elle dans la précipitation, consciente de l'hystérie qui pourrait s'emparer du débat en cas de veto de la droite ou de l'extrême droite. Olivier Dussopt s'empresse de rassurer l'opinion publique et l'opposition de droite en déclarant en novembre, sur France Info, que la mesure concernerait « entre quelques milliers et quelques dizaines de milliers » de personnes et que les titres seraient délivrés « au cas par cas », alors que l'on estime le nombre de sans-papiers en France à environ 700 000 (selon les chiffres de l'aide médicale d'État). Le ministre s'acharne à le répéter, il ne s'agit pas d'un « plan de régularisation massive ». Gérald Darmanin l'admettra lui-même, lors des discussions en commission de lois fin novembre 2023 : il s'agit de « mettre fin à l'hypocrisie » pour des travailleurs déjà présents en France, disposant de contrats de travail et de fiches de paie. Une hypocrisie pourtant entretenue par l'État, qui ne l'a pas empêché de passer un « deal » avec la droite pour restreindre les critères d'obtention de ce titre de séjour « métiers en tension ». Mais dès l'annonce de cette mesure, les personnalités politiques de droite et d'extrême droite se sont déchaînées. Le président des Républicains, Éric Ciotti, déclare vouloir « mettre un coup d'arrêt à l'immigration de masse ». « Il faut mettre en place une politique dissuasive d'immigration, en arrêtant les pompes aspirantes sociales », enchaîne Marine Le Pen, la présidente du Rassemblement national. Le 6 décembre, un débat sans vote est organisé à l'Assemblée nationale, visant surtout à présenter le projet de loi aux députés de tous les bords. Olivier Dussopt, alors ministre du Travail, annonce officiellement la création d'un titre temporaire, d'une durée de un an et renouvelable selon les besoins des secteurs, dans l'objectif de « sortir de l'absurde jeu perdant-perdant qui concerne les étrangers en situation irrégulière dans les métiers qui manquent cruellement de main-d'œuvre ». La restauration ou la propreté sont citées en exemples pour justifier la révision de la liste des métiers en tension, deux secteurs où la main-d'œuvre étrangère est « surreprésentée », et qui n'apparaissent pas forcément sur la liste. Pour les Républicains, voter ce texte en l'état, avec l'option de pouvoir régulariser une partie des travailleurs des métiers en tension, n'est pas négociable. Ils ne le voteront pas. Gérald Darmanin louvoie, durcit son discours sur les « étrangers délinquants » afin de montrer toute la « fermeté » dont il peut faire preuve. Puis il ajoute des critères, censés réduire drastiquement le nombre de personnes pouvant bénéficier de cette mesure. Fin décembre, le ministre de l'Intérieur fait en sorte de faire fuiter une nouvelle version du texte dans la presse. Celle-ci est rapidement récupérée par les journalistes et associations d'aide aux étrangers, dont le Gisti, qui a pour habitude de publier sur son site internet chaque nouvelle étape du processus législatif, avec la volonté d'informer les principaux intéressés en toute transparence. On y découvre les critères venant restreindre le nombre de personnes susceptibles de bénéficier de la mesure sur le titre de séjour « métiers en tension ». Il faudra avoir déjà exercé une « activité professionnelle salariée figurant dans la liste des métiers et zones géographiques caractérisés par des difficultés de recrutement ». Il faudra avoir résidé en France sans interruption depuis au moins trois ans et avoir travaillé depuis au moins huit mois dans des secteurs en tension, bien que la liste n'ait toujours pas été révisée. Il faudra avoir détenu le titre « métiers en tension » durant une année continue, « sous couvert d'un contrat à durée indéterminée », pour pouvoir solliciter une carte pluriannuelle « salarié » par la suite. L'opposition s'agace, dénonce une mesure purement « utilitariste » ne visant qu'à boucher les trous sur une période donnée. « On fait de nous de la main-d'œuvre jetable », constate Moussa, dont les amis, en situation dite irrégulière également, accueillent plutôt favorablement la mesure, perçue comme une petite lueur d'espoir dans un horizon d'ordinaire sombre. « En concentrant la mesure sur les métiers en tension, on fait la différence entre les sans-papiers. Ceux qui ont d'autres compétences ou d'autres métiers resteront donc sans papiers. Il faut donner l'opportunité d'être régularisé à tout le monde. » Début 2023, les collectifs de sans-papiers commencent à se mobiliser contre le projet de loi sur l'immigration. Leur mobilisation en percute alors une autre : celle contre la réforme des retraites, qui pousse des millions de personnes à prendre la rue pour protester contre une loi jugée « injuste », venant précariser les plus vulnérables, dont les femmes et les immigrés ayant travaillé sans être déclarés durant des années, voire des décennies.

Dans un portrait que j'écris alors pour Mediapart, je dresse le portrait de Mariama Sidibé, aujourd'hui âgée de 66 ans. Elle fait partie de ces anciens sans-papiers de la rue Baudélique, régularisés grâce à la mobilisation collective, et qui découvrent à leur retraite combien ils ont été lésés par le « système ». « J'ai travaillé en tant que vendeuse pendant quatre ans, puis j'ai fait de l'intérim. » Elle accumule ainsi huit années de travail non déclarées, puis parvient à décrocher un emploi en tant qu'aide-soignante en CDI une fois régularisée. « Au moment de prendre ma retraite cette année, on m'a annoncé que j'aurai droit à 83 euros par mois. Ils veulent nous faire trimer jusqu'au cimetière. C'est une réforme injuste pour tout le monde. Pour les femmes, les hommes, et les étrangers. » Collectifs de sans-papiers, syndicats, professeurs ou encore militants décident de faire converger les luttes. « Il y a un lien entre ces deux réformes », assure Mehdi, un étudiant étranger et militant du collectif le Poing levé. « Tout le monde sait que les petites mains invisibles qui font tourner l'économie, ce sont les immigrés. On l'a bien vu durant le Covid-19 avec les travailleurs en première ligne. La loi Darmanin est raciste et discriminatoire. » Le gouvernement a peur, poursuit-il. Il est déjà en train de « reculer ». La mobilisation sociale contre la réforme des retraites percute l'agenda politique et contraint le gouvernement à repousser le projet de loi sur l'immigration. En avril, Élisabeth Borne se heurte au veto des Républicains, qui refusent de voter le texte en l'état. Le mettre à l'agenda de l'Assemblée nationale conduirait soit à le voir rejeté, soit à le faire passer en force, avec l'utilisation du 49-3 ; un outil dont la Première ministre a déjà largement abusé en 2023. « Aujourd'hui, il n'existe pas de majorité pour voter un tel texte, comme j'ai pu le vérifier hier en m'entretenant avec les responsables des Républicains », annonce Élisabeth Borne le 26 avril. Un vrai feuilleton, avec son lot de rebondissements et de suspense, de saisons en saisons, d'épisodes en épisodes. Face à ce troisième report du projet de loi, Les Républicains décident de prendre le gouvernement de court, et annoncent en mai dans le *Journal du Dimanche* vouloir déposer deux propositions de loi sur l'immigration. La première vise à modifier la Constitution afin de « restaurer notre souveraineté en matière migratoire », notamment via un référendum sur le sujet. Éric Ciotti, le président de LR, assume alors de vouloir déroger à la primauté du droit européen – une mesure digne de la politique voulue par la Pologne quelques mois plus tôt, lorsque le pays faisait face à une arrivée de migrants bloqués à la frontière entre le Bélarus et la Pologne, instrumentalisés par Loukachenko, qui s'en sert pour faire pression sur l'Europe. L'autre proposition entend durcir considérablement le droit au séjour des personnes étrangères, en sabotant le droit à l'aide médicale d'État, le droit d'asile ou le droit au regroupement familial, et en faisant du séjour irrégulier un délit. Des mesures présentées comme un « projet de rupture », mais aux effets lourds de conséquences pour les étrangers vivant en France, en particulier les sans-papiers. Les idéaux de la droite avaient déjà déteint sur le texte au moment de son passage en commission des lois au Sénat en mars 2023, avec des amendements « dignes du Rassemblement national » et des « dérives inquiétantes », comme le souligne la sénatrice communiste Éliane Assassi. L'un des amendements prévoyait justement de supprimer l'aide médicale d'État, au profit d'une aide médicale d'urgence, conditionnée à un droit annuel dont le montant devrait être fixé par la suite par décret. « Sincèrement, si tu n'as pas l'information ou si tu es analphabète, tu n'en bénéficies même pas », commente Sara, l'employée de maison vénézuélienne. Elle et son fils ont bien une carte AME, mais elle redoute son éventuelle suppression. « J'ai cru comprendre que ça pourrait changer en 2024 avec le projet de loi. Ce serait une catastrophe. » Enfermés durant des mois sur leur lieu d'hébergement, avec pour seule diversion le travail dans les champs, les ouvriers agricoles marocains n'ont tout simplement jamais consulté de médecin. « On ne savait pas que ça existait, l'AME. Quand on est tombés malades, on s'est juste soignés avec des médicaments », confient-ils. Un rapport de Médecins du monde, rendu public en octobre 2023 et consacré en grande partie à la santé des personnes sans papiers, montre combien ce sujet est trop souvent instrumentalisé par l'extrême droite, qui préfère laisser entendre que de nombreux étrangers viennent en France pour profiter des prestations sociales et de l'AME au lieu de se pencher sur les chiffres. Ainsi, le taux de non-recours à cette aide est estimé à 49 % : la moitié des personnes pouvant y prétendre n'y ont donc pas recours, par méconnaissance ou non-information sur les droits, par complexité administrative ou encore à cause de la barrière linguistique. L'accès rendu de plus en plus difficile aux guichets d'accueil de la Caisse primaire d'assurance maladie vient complexifier encore un peu plus l'accès à cette aide médicale, tout comme le dépôt physique des premières demandes, imposé aux usagers étrangers depuis 2020. « Les obstacles sont nombreux », pointe l'association, évoquant également le délai de traitement des dossiers, la dématérialisation ou les plateformes téléphoniques devenues payantes. Sur dix patients éligibles à l'aide médicale d'État reçus dans les quatorze centres d'accueil, de soins et d'orientation de Médecins du monde, huit ne sont pas couverts. « Sans droits ouverts, ces derniers renoncent alors deux fois plus aux soins au cours des douze derniers mois que ceux qui disposent de l'AME », conclut le rapport. Sabine, l'aide-soignante travaillant sous alias, n'en a jamais bénéficié, par manque d'information. La mutuelle pour laquelle elle cotise chaque mois bénéficie à son alias, qui lui « prête » son identité. Yao, l'artiste togolais aujourd'hui vendeur dans un supermarché Super U, a pu avoir l'AME durant deux années après son arrivée en France, mais n'en bénéficie plus aujourd'hui.

« Depuis que je me suis pacsé avec ma compagne, j'ai réussi à obtenir une carte MSA », explique-t-il. Une carte correspondant à l'assurance maladie des salariés agricoles, que la personne concernée soit salariée agricole, exploitante, étudiante ou ayant droit. Il obtient alors, tout en étant sans-papiers, un « vrai » numéro de sécurité sociale – dans la plupart des cas, les personnes en situation irrégulière présentes sur le sol français ne peuvent prétendre qu'à un numéro de sécurité sociale provisoire.

Alors que le gouvernement souhaite relancer la discussion sur le projet de loi en début d'été, le pays est frappé par un drame : le meurtre du jeune Nahel Marzouk, âgé de 17 ans, tué à bout portant par un policier ayant ouvert le feu, à Nanterre le 27 juin 2023. Les quartiers populaires de France s'embrasent. Ces révoltes urbaines, tout comme les manifestations visant à dénoncer les violences et le racisme systémique dans la police, sont marquées par les violences policières. Mohamed, un jeune Algérien âgé de 27 ans, meurt à Marseille alors qu'il circule en scooter et reçoit un tir de LBD en pleine poitrine, lui provoquant un arrêt cardiaque. Virgil perd un œil, à seulement 24 ans, alors qu'il tente de rejoindre son domicile à Nanterre dans la nuit du 29 au 30 juin, après avoir participé à la marche blanche en hommage à Nahel. Hedi a le crâne fracassé par plusieurs policiers de la BAC, au centre-ville de Marseille. Le projet de loi sur l'immigration réapparaît à la rentrée, une fois le calme revenu. Fin août, Emmanuel Macron prend soin de communiquer sur ce sujet si clivant et choisit de se ranger à droite. Il promet, dans un entretien au *Point*, de « réduire significativement l'immigration, à commencer par l'immigration illégale ». Le projet de loi pourrait être enrichi en ce sens au Parlement. Dans les bancs de l'Assemblée nationale, la majorité se déchire autour de la mesure concernant le titre de séjour « métiers en tension ». Une partie d'entre elle refuse de la voir torpillée par Les Républicains, dont le chantage fait chanceler le gouvernement. Stella Dupont en fait partie, aux côtés du député Renaissance Sacha Houlié, de Julien Bayou (Europe Écologie-les Verts), Fabien Roussel (Parti communiste français) ou encore Marie-Pierre de La Gontrie (Parti socialiste). Le projet de loi titube, sa jambe « gauche » – c'est ainsi qu'est surnommée la mesure dans l'univers macroniste – vacille. Que la droite et l'extrême droite refusent de voter le texte en l'état n'étonne pas tellement Moussa, l'agent d'entretien des trains SNCF. « Ils n'aiment pas les migrants, c'est d'ailleurs grâce à ça qu'ils existent. C'est leur système politique. » Mais si le gouvernement abandonne cette mesure sur les métiers en tension, ce sera selon lui le signe d'un manque de courage face aux oppositions. « Pour moi, ça voudra dire qu'ils auront eu peur du Rassemblement national et de la droite. Au lieu de l'abandonner, il faut au contraire modifier le texte pour permettre à un maximum de sans-papiers d'en bénéficier », suggère-t-il. Mais l'attentat d'Arras, dans le Pas-de-Calais, est venu brutalement rebattre les cartes du jeu. Le 13 octobre, Mohammed Mogouchkov, un jeune originaire d'Ingouchie, une République située dans le Caucase du Nord près de la Tchétchénie, commet l'innommable : il pénètre dans son ancien lycée, un couteau à la main, et ôte la vie à Dominique Bernard, un professeur de français qui tente de s'interposer entre lui et des élèves de l'établissement. Il blesse trois autres personnes sur son passage, avant d'être canalisé et interpellé par les forces de l'ordre. En quelques heures, les informations sur le profil de l'assaillant tombent : il était en situation dite irrégulière, arrivé en France avec ses proches alors qu'il était encore mineur. Ce dernier détail permet au ministre de l'Intérieur d'affirmer des contre-vérités. D'abord, la loi l'empêcherait d'éloigner du territoire tout étranger arrivé avant l'âge de 13 ans. « L'assaillant d'Arras bénéficiait d'une protection absolue », titrent plusieurs médias nationaux, sans même prendre le soin de vérifier la véracité de l'information. En réalité, il pouvait faire l'objet d'une mesure d'éloignement en cas de comportements de nature à porter atteinte aux intérêts fondamentaux de l'État ou liés à des activités à caractère terroriste. La loi n'empêchait donc en rien de l'éloigner s'il représentait un danger pour la France. Ensuite, le projet de loi porté par Gérald Darmanin permettra d'expulser ce profil en particulier. Là encore, c'est faux. La dernière version du texte de loi ambitionne de pouvoir expulser tout étranger arrivé avant l'âge de 13 ans ayant déjà fait l'objet d'une condamnation pour des crimes ou délits punis de dix ans ou plus d'emprisonnement, et dont le comportement constitue toujours une menace. Dans le cas de Mohammed Mogouchkov, la future loi immigration n'aurait donc rien changé, celui-ci n'ayant pas fait l'objet d'une condamnation avant de passer à l'acte.

De jour en jour, le débat public se teinte d'une couleur nauséabonde. Les associations et collectifs d'aide aux migrants sont pris pour cible : plusieurs antennes locales rennaises s'étaient mobilisées, en 2014, contre l'expulsion de la famille Mogouchkov, poussant le ministre de l'Intérieur de l'époque, Manuel Valls, à annuler la mesure d'éloignement dont elle faisait l'objet. La Cimade, qui en fait partie, verrouille son compte X de manière à le faire passer en « privé » pour se protéger des attaques et insultes venues de l'extrême droite. « Ce n'est pas n'importe quelle association, elle a une histoire », rappelle l'avocat Stéphane Maugendre, spécialiste du droit des étrangers et du droit pénal, également membre du Gisti. « Elle a contribué à ce que des mineurs ne soient pas expulsés à l'époque et n'a pas à rougir de cela. » Le discours politique se durcit à l'endroit des étrangers, en particulier des « délinquants », que Gérald Darmanin veut pouvoir expulser à tout prix. Une circulaire, datée du 13 octobre et signée de la main du ministre, est adressée aux préfets en ce sens. Il leur est expressément demandé de placer en centre de rétention tout individu étranger considéré comme dangereux et d'accroître la surveillance des mineurs étrangers, en particulier ceux originaires du Caucase du Nord. Dans ses prises de parole publiques, il s'enfonce encore un peu plus dans le mensonge, en annonçant reprendre les expulsions de ressortissants russes, dont les Tchétchènes, vers leur pays d'origine ; alors que les éloignements s'agissant de ces nationalités n'ont jamais cessé au cours des dernières années, notamment pour les Tchétchènes faisant l'objet de notes des services de renseignement, ce qui a valu à la France d'être condamnée par la Cour européenne des droits de l'homme à plusieurs reprises. « J'assume », clame Gérald Darmanin. Le 14 novembre 2023, la France défie le droit européen et expulse un ressortissant ouzbek soupçonné d'être radicalisé, malgré une décision de la Cour européenne des droits de l'homme (CEDH). La séquence politique est obscène. Nous, journalistes, observons un ministre de l'Intérieur instrumentaliser un attentat et la mort d'un professeur innocent pour briller. L'occasion est rêvée pour relancer son projet de loi sur l'immigration et en avancer la nécessité – ce fameux projet de loi sans cesse repoussé et auquel il tient tant, qui lui permettra, pense-t-il sans doute, de se lancer à la conquête de l'Élysée en 2027.

Une partie des Français, marqués par la stupéfaction et l'horreur de ce nouveau drame touchant le corps enseignant, l'écoute en acquiesçant. Les personnes étrangères, elles, vivent dans la peur. Les menaces de retrait de titres de séjour pleuvent. Certes, elles concernent les individus « dangereux », proches de la mouvance djihadiste ou qui ne respecteraient pas « les principes de la République ». Mais que se cache-t-il derrière ces mots ? Le porte-parole du gouvernement, Gabriel Attal, en énonce des exemples, comme le refus d'être reçu ou entendu par un agent du sexe opposé dans les services publics pour des motifs religieux. « Ce climat ambiant me donne l'impression que nous avons fait un bond de plusieurs décennies en arrière », me confie Hajer, la médecin tunisienne anciennement sans-papiers, ayant frôlé l'expulsion en 2023. Celle-ci n'ose plus s'exprimer dans ce pays qu'elle a rejoint avec fierté. « Je pensais partir pour LE pays des droits de l'homme, où la liberté d'expression me serait garantie, peu importe mes origines. Je suis tombée des nues. J'ai peur qu'on me retire mon titre de séjour, déjà que son renouvellement a été une expérience désagréable. Je me dois d'être extrêmement prudente parce que comme on le voit, ça peut très vite dégénérer. » Peu avant l'arrivée du texte au Sénat, le 6 novembre, les prémices de ce qui s'apparente à un faux-bond apparaissent en toile de fond. Étant donné le contexte, et le refus constant de la droite à voter le texte avec son volet « régularisation », la création d'un titre de séjour pour les métiers en tension pourrait disparaître du projet de loi, et passer par voie réglementaire. « De toute façon, je pense que la loi ne passera pas. Ou alors ils devront utiliser le 49-3 pour la faire passer », parie Moussa.

CHAPITRE 12

Voir la réalité en face

Il y a des paradoxes qui laissent pantois. L'État français refuse haut et fort de délivrer des titres de séjour à tout un pan de la population présente sur son sol sans toutefois les éloigner. Sans doute les discours politiques portés au sommet de l'État se doivent de ne pas froisser une partie de l'opinion publique, qui sursaute à la moindre évocation de l'« étranger » ou du « migrant », sans chercher à savoir qui ils sont ni ce qu'ils sont susceptibles d'apporter à la France, terrassés par des fantasmes réducteurs et racistes laissant croire à un « grand remplacement ». « Il n'y a pas de droit inconditionnel à la régularisation. Il n'y en aura jamais. Il faut continuer à lutter contre les réseaux d'immigration clandestine, pénaliser les employeurs qui utilisent ces réseaux », a martelé Emmanuel Macron le 24 septembre 2023, lors d'une interview accordée à TF1 et France 2. Alors que nos dirigeants misent officiellement sur la fermeté et refusent toute campagne de régularisation dite massive, il donne malgré tout la possibilité aux préfectures de régulariser « au cas par cas » – c'est la fameuse circulaire Valls –, laissant ainsi un pouvoir discrétionnaire aux préfets tout en refusant d'inscrire cette possibilité dans la loi. Le terme « discrétionnaire » n'est ici pas anodin. Il laisse les pleins pouvoirs aux préfets, qui appliquent la circulaire comme ils l'entendent, selon leur bon vouloir. Ces régularisations se font, comme longuement raconté plus haut, dans la discrétion la plus totale, en catimini dans les bureaux de la préfecture, souvent avec l'aide de « pousse-papiers » venus plaider la cause de celles et ceux qui revendiquent un droit au séjour après des années passées au service de la communauté, à prendre soin de nos aînés, à nettoyer nos rues ou à nous soigner.

Lorsque j'interroge la chercheuse Karine Gatelier sur la « nécessité ou non de régulariser toutes les personnes présentes sur le territoire français », celle-ci laisse échapper un rire surpris. Sa position sur le sujet est très claire. Il faut, « bien entendu », régulariser toutes ces personnes et leur donner l'ensemble des droits équivalents aux nôtres. Si l'on compte bien 700 000 sans-papiers sur le territoire, cela signifie que les autorités laissent sciemment 1 % de la population à la marge, sans aucun droit. « Ça fait beaucoup. » Elle se dit surprise de la façon dont les logiques se sont totalement inversées, au cours des dernières années, en particulier sur la question de l'« intégration ». « Auparavant, on délivrait des papiers aux étrangers afin de leur donner toutes les dispositions nécessaires pour s'intégrer. Aujourd'hui, on a complètement inversé ce rapport à la régularisation pour délivrer un titre de séjour seulement a posteriori, une fois que des preuves de l'intégration sont apportées. » À cette inversion des normes vient s'ajouter une lecture de l'« intégration » basée uniquement sur le travail, dans une forme d'utilitarisme absolu. Que signifie « intégration » pour des personnes souvent présentes sur le territoire depuis plusieurs années, insérées sur le plan social, familial ou professionnel ? De quoi doute-t-on, exactement ? « Ces personnes sont déjà complètement adaptées et intégrées », souligne Karine Gatelier. Elles le sont malgré tous les obstacles qu'elles doivent surmonter au jour le jour, dans un pays qui leur signifie ouvertement ne pas vouloir d'elles et assume de ne pas leur donner les moyens d'y parvenir. « Ce qui est fou, c'est que même lorsqu'elles y arrivent malgré ces difficultés, on se permette ensuite de leur refuser la régularisation. »

Moussa dénonce un système « plus qu'hypocrite », qui pousse les sans-papiers à contourner les règles pour pouvoir travailler : « Pour demander un titre de séjour, on nous demande de ramener les fiches de paie. Mais pour avoir des fiches de paie, il faut travailler et pour travailler, il faut un titre de séjour », fait-il remarquer, expliquant qu'en définitive, le « système » tel qu'il est fait laisse les pleins pouvoirs aux employeurs, qui peuvent exploiter les travailleurs comme bon leur semble. Il n'est pas le seul, parmi les innombrables rencontres que j'ai pu faire, à pointer cette hypocrisie du doigt. « On parle de personnes qui vivent ici, travaillent ou cherchent à travailler, ont des enfants scolarisés. Toutes les circulaires relatives à l'immigration expliquent qu'il faut des fiches de paie pour prétendre à une régularisation alors que la loi elle-même empêche indirectement les sans-papiers de travailler », développe la députée des Hauts-de-Seine Elsa Faucillon, membre de la commission des lois à l'Assemblée nationale. Dans sa circonscription, elle constate au quotidien combien ces personnes privées de droit participent malgré tout à la vie économique du pays, à la vie de quartier ou à la vie culturelle de leur ville. Le terme de « sans-papiers » la laisse perplexe. Jamais elle n'a vu un public accumuler autant de papiers, justement parce qu'ils intègrent l'idée qu'ils doivent en permanence se justifier, peu importe le sujet. « Quand on les voit arriver à la permanence, ils sortent immédiatement un papier pour argumenter leur propos. » Le fait qu'ils soient tous ou presque travailleurs permet, poursuit la parlementaire, de contrebalancer avec le discours visant à les présenter comme des « profiteurs du système », des « délinquants », voire des « terroristes ». Cela permet de montrer « la réalité d'une majorité de personnes présentes sur le territoire, qui travaillent et viennent pour ça, de sorte de faire vivre leur famille ».

La députée plaide ainsi pour la régularisation de toutes celles et ceux qui vivent en France. Moussa aime reprendre la devise de son pays d'accueil ; « liberté, égalité, fraternité ». Comment peut-on être libres sans travailler ? Comment peut-on être égaux dans la vie si l'on n'a pas les mêmes ressources ? Il aimerait pouvoir souffler aux pouvoirs publics d'autoriser la délivrance d'un titre de séjour d'une durée de deux ans. « Pour moi, c'est la solution. Ça nous permettrait d'être autonomes et dignes, ça rapporterait de l'argent à l'État et ça ferait aussi diminuer les chiffres de l'asile, car certaines personnes le demandent alors que leur situation ne correspond pas. » La théorie de l'« appel d'air », une théorie largement reprise par certains dirigeants européens et laissant entendre qu'avec un accueil trop « généreux » nous encouragerions d'autres à venir, n'est que pur fantasme. « C'est faux. L'immigration existe déjà. Les gens sont déjà là, ils respectent les lois du pays, il faut donc trouver des solutions », rétorque Moussa. Le Gisti plaide depuis des décennies pour la liberté de circulation et d'installation, mais aussi pour un changement radical des politiques migratoires mises en place par la France. « Il faut arriver à faire en sorte que les politiques pensent l'immigration autrement, qu'il y ait une réflexion autre que le tout-répressif », clame Stéphane Maugendre tout en extirpant une cigarette d'un étui, avant de l'enflammer à l'aide d'un briquet.

Avocat depuis 1988, il est la deuxième génération de sa famille à s'impliquer auprès du Gisti, après sa mère, médecin, qui, dans les années 1980, allait soigner les travailleurs immigrés dans les foyers Sonacotra. Depuis la marche pour l'égalité et contre le racisme et la création de la carte de résident de dix ans, la situation pour les personnes étrangères en France n'a cessé de régresser, déplore-t-il. La carte de dix ans a pourtant changé la vie des gens. « Ça les a sécurisés dans leur quotidien, ils se sont davantage investis dans la vie de la cité, ils ont senti qu'ils étaient là pour longtemps. » Elle a permis une vraie « intégration ». Mais depuis, la France s'est enfoncée dans ce qu'il qualifie de « mal-accueil ». Il y a un mauvais traitement de l'immigration. Le débat actuel ne porte que sur les étrangers délinquants ou terroristes, regrette l'avocat. « En ce moment, on ne nous aime pas trop, nous les immigrés. Ça fait mal d'entendre qu'on nous perçoit comme des voleurs ou des gens violents », confie Moussa, qui dit se faire le plus discret possible. « Métro, boulot, dodo ». Au-delà du fait qu'on ne les perçoit que comme des « étrangers », on les criminalise complètement, abonde Karine Gatelier, qui relève là aussi une forme d'inversement des responsabilités : « On rend ces personnes responsables de leur irrégularité alors qu'il s'agit avant tout de décisions administratives. » Beaucoup entrent dans les critères de la circulaire Valls pour être régularisés mais essuient malgré tout des refus de la part des préfectures. Des politiques qui permettent d'effacer totalement la responsabilité des pouvoirs publics et de criminaliser toujours plus les personnes sans papiers, majoritairement perçues comme les responsables de délits ou de fautes, quand elles ont en réalité des « existences très banales, finalement ». Au mieux, on les assimile à de la chair à travail. Les dernières circulaires relatives à l'immigration – Chevènement, Sarkozy, Valls – abordent toutes le sujet de la régularisation, et Gérald Darmanin a lui-même tenté d'inscrire un volet « régularisation » dans son texte de loi. « C'est une nécessité et c'est flagrant. La régularisation est une évidence », ajoute Stéphane Maugendre, mais les politiques refusent de l'admettre, de l'inscrire dans la loi ou de procéder à des régularisations dites « massives ». Les régularisations ne provoquent pas d'appel d'air, poursuit-il, rappelant que toutes les études portant sur ce sujet ont démontré que cette théorie n'avait aucun fondement. On peut citer par exemple celle menée par les économistes Joan Monras, Ferran Elias et Javier Vázquez-Grenno à la suite de la régularisation de 600 000 étrangers sans papiers en Espagne, rendue publique en février 2018 (et actualisée en avril 2023). « Ça ne change donc rien aux mouvements migratoires, mais ça change tout pour la vie réelle des gens. Ne pas régulariser crée du lumpenprolétariat[1], une main-d'œuvre surexploitée, un retrait communautaire contraint… » La mobilisation des travailleurs sans papiers des chantiers des Jeux olympiques de Paris, en octobre 2023,

1. Dans la conception philosophique de Karl Marx, ce terme désigne la partie du prolétariat constituée par ceux qui ne disposent d'aucune ressource et qui se caractérisent par l'absence de conscience de classe.

est venue désintégrer cette image péjorative dont souffre la figure de l'étranger en France. « Les gens oublient que ce sont des gens normaux et qu'ils ont une vie, tout simplement. Ce qu'il faut se demander, c'est comment ces immigrés font-ils sens dans la société ? » souligne-t-il. Ne pas se poser cette question revient à refuser de voir la société et le monde tels qu'ils sont aujourd'hui. Les mouvements de population ont toujours existé et continueront d'exister, peu importe la taille des murs que l'on construits à nos frontières, peu importe les violences que l'on fait subir à celles et ceux qui migrent, peu importe les obstacles que nous mettons sur la route de celles et ceux qui parviennent à rejoindre notre sol. Vouloir à tout prix les expulser une fois qu'ils sont établis dans notre pays relève du non-sens absolu. Non seulement c'est irréalisable, mais cela n'empêchera pas d'autres personnes de venir, lorsqu'ils fuient les guerres, les persécutions, le chaos climatique ou la misère économique. Sans parler du budget que représentent ces expulsions, « à raison de 14 000 euros par personne et par éloignement, ça fait combien de milliards ? », interroge Stéphane Maugendre, qui suggère de réinjecter cet argent dans une véritable politique d'accueil, incluant le droit au logement, le droit à la formation, l'alphabétisation ou la dignité du travail. L'aspect purement « utilitariste » des régularisations, qu'il n'aime pas tant, ne peut être totalement éludé non plus. Le patronat est demandeur et le manque à gagner est important, à la fois sur le plan économique et social. En régularisant, les futurs anciens sans-papiers pourraient tous avoir des fiches de paie, cotiser, contribuer à l'économie et au système de solidarité français, consommer, avoir une vie sociale, voire une vie familiale. « Et s'ils sont socialisés et davantage stables sur le plan financier, cela réduit forcément les faits de délinquance », poursuit l'avocat. Cela crée du vivant ; car la meilleure façon de tuer un homme est de le laisser dans une forme de demi-existence comme celle-ci.

Pour Karine Gatelier, l'anthropologue, il y a également un autre principe, peut-être d'ordre plus philosophique, qui doit être pris en compte. La citoyenneté devrait être reconnue selon la résidence et non selon les documents d'identité ou la nationalité des intéressés : les personnes sans papiers ont fait le choix d'être là, en France, et ont mis tout en œuvre pour y arriver. « Ils ont été suffisamment débrouillards pour arriver à survivre avec toutes les difficultés qu'on leur a infligées. Ils se sont établis ici, on ne devrait donc même pas se poser la question. » L'anthropologue cite en exemple l'un des slogans repris en boucle lors des manifestations organisées par les collectifs de sans-papiers : « On vit ici, on travaille ici, on reste ici ! » scandent-ils régulièrement dans les cortèges. « Chez nous, on dit qu'un pays qui t'a accueilli, c'est comme si c'était chez toi. Donc peu importe que j'aie les papiers ou non, je me sens français », confie Moussa. Les Français l'ont toujours respecté et il n'a jamais eu d'ennuis avec la justice. « Je fais juste ma vie, comme tout le monde. » Dans la description d'une « immigration réussie » proposée par le chef Thierry Marx, qui appelait fin 2022 à régulariser les travailleurs sans papiers exerçant dans la restauration, celui-ci faisait état de personnes s'installant dans les meilleures conditions et respectant les règles de la République française. « Confondre les problèmes de sécurité avec les questions d'intégration de personnes qui ne commettent pas d'infraction et qui sont une force vive pour des entreprises ne me paraît pas être la bonne méthode », tranchait-il. Imposer ainsi aux sans-papiers de passer par des demandes de régularisation est « absurde », résume la chercheuse Karine Gatelier, qui soulève un autre point ; celui de l'histoire coloniale qui lie une partie des sans-papiers à la France. Ceux que l'on qualifie d'étrangers, et qui pourtant maîtrisent souvent notre langue – ce qui les conduit, bien souvent, à choisir la France plutôt qu'un autre pays européen –, sont en réalité intimement liés à la France. « Il y a une interconnaissance entre la société guinéenne, par exemple, et la société française. Les personnes originaires de ces anciennes colonies nous perçoivent dans un lien de proximité, de familiarité ou d'attachement inconscient, parce que l'on a fait un bout d'histoire ensemble », analyse l'anthropologue. Aussi violent qu'ait pu être cet épisode de la colonisation, il nous lie malgré tout ; bien que l'État français cherche dans ce cas à rompre à tout prix ce lien et à briser cette histoire commune, dans une forme de déni de son passé colonial, en rangeant les sans-papiers (ou leur pays d'origine) dans la catégorie des « étrangers » de manière à marquer une forme de distance avec eux. Karine Gatelier déplore, de manière générale, un discours politique construit autour d'une conception nationaliste empêchant une partie de la population française de reconnaître que les sans-papiers font déjà pleinement partie de la société. « Il y a des enjeux électoralistes qui aveuglent et rétrécissent le débat d'idées. » Même les partis de gauche ont très largement renoncé à proposer des idées autres que celles portées dans le débat public, notamment par la droite et l'extrême droite, poursuit Karine Gatelier. Le Rassemblement national parvient à faire imposer dans le débat toutes ses idées racistes et anti-immigration, de sorte que tout autre discours, différent, moins consensuel se trouve inhibé. Elle observe, en période électorale, des programmes trop peu ambitieux sur les questions migratoires, qui ôtent toute autonomie et toute liberté de circulation aux personnes étrangères, dans une logique de contrôle absolu. « Je m'étonne de voir l'idée de quotas migratoires reprise par certains parlementaires sans qu'ils soient fondamentalement et philosophiquement gênés par une telle vision des migrations. » Qu'il s'agisse de travailleurs, d'étudiants, de demandeurs d'asile ou de personnes ayant été reconnues réfugiées, cette tendance vient démontrer que « l'étranger » peut être traité comme un « objet », que l'on va recevoir et distribuer d'un État à l'autre sans jamais lui reconnaître une autonomie de déplacement ou un choix du lieu d'installation. « Ce sont des objets que l'on pense dans des politiques publiques. » Les demandeurs d'asile sont d'ailleurs extrêmement contrôlés, rappelle-t-elle, qu'il s'agisse de leur arrivée sur le territoire et de leur prise en charge ou de leurs lieux d'hébergement, tels que les centres d'accueil pour demandeurs d'asile (Cada), où la moindre sortie est scrutée par les travailleurs sociaux et personnels encadrants et où une simple absence, au-delà de quelques jours, peut valoir l'expulsion sans discussion possible. « Ce qui dérange les autorités avec les sans-papiers, analyse-t-elle, c'est qu'elles ne les contrôlent plus. C'est l'exemple criant de personnes qui ont choisi de vivre en autonomie, à la marge certes, mais à l'abri de toute tentative de contrôle par l'État. » Le revers de cette autonomie est la précarité permanente dans laquelle les politiques gouvernementales les enferment, persuadées qu'elles useront, à la longue, ceux qui sont déjà présents et dissuaderont aussi les suivants de venir en Europe et en France en particulier. Nombre de sans-papiers aimeraient justement s'extraire de cette vie à la marge, de façon à pouvoir vivre comme tout le monde en France. Mais en attendant, ils se raccrochent sans doute à ce sentiment d'indépendance qui les nourrit chaque jour et les aide à surmonter les difficultés. Aux yeux de Moussa, les politiciens « instrumentalisent », comme les employeurs, la situation des migrants. « Ils laissent entendre que l'immigration nous met en retard ou en danger et qu'il faudrait la réduire. Mais en réalité, on contribue à faire avancer le pays », me dit-il en plongeant son regard dans le mien, comme s'il cherchait à me convaincre. La vérité, complète Sabine, c'est que la France « a besoin de nous ». « On fait le travail que personne d'autre ne veut faire. Tout le monde le sait, mais personne ne veut l'admettre. »

Et pourquoi ne régulariserait-on pas ? La question m'est posée par Fanélie Carrey-Conte, secrétaire générale de la Cimade, au moment où le discours sur l'immigration se durcit considérablement, dans le contexte de l'attentat d'Arras le 13 octobre 2023. Depuis des années, les questions de régularisation s'inscrivent au cœur de la bataille menée par l'association en matière de politiques migratoires. « On a toujours tendance à demander pourquoi il faudrait régulariser. Je propose souvent d'inverser le sens de la question », sourit-elle. Quel est le sens de continuer ainsi, alors que ce qui a été mis en place jusqu'à présent n'a pas donné satisfaction, ni pour les premiers intéressés, ni pour les pouvoirs publics ? « Les politiques actuelles n'engendrent que des difficultés, y compris pour la société. » Sans papiers, les étrangers n'ont tout simplement pas de droits. Sans accès à l'hébergement de droit commun, elles peuvent être confrontées à la rue ou contraintes de vivre dans la durée dans des dispositifs d'hébergement d'urgence, initialement conçus pour être temporaires. Elles vont travailler sans être déclarées et ne vont ainsi pas cotiser ni payer d'impôts, alors même qu'elles le voudraient. Des familles continueront à vivre sous la menace permanente du contrôle de police et du placement en rétention, des enfants scolarisés vont peut-être plonger dans les difficultés scolaires ; des personnes vont sans doute rester cloîtrées chez elles et renoncer à se soigner. « Il n'y a aucun intérêt à continuer ainsi, il n'y a aucun argument à garder ces personnes en situation de précarité », martèle Fanélie Carrey-Conte, qui dénonce au passage les discours dogmatiques et idéologiques majoritairement ancrés dans la crainte de l'« appel d'air ».

Durcir l'accès au séjour et s'obstiner à exclure ces personnes de la société française n'a jamais permis de faire baisser les chiffres de l'immigration. Régulariser des sans-papiers chaque année n'a pas conduit à des régularisations massives ou à une augmentation considérable du nombre de titres de séjour délivrés au titre du travail. Les données du ministère de l'Intérieur démontrent que durant des années, la France a maintenu la barre des 7 000 admissions exceptionnelles au séjour au titre du travail par an. Ce chiffre a légèrement augmenté en 2021 pour atteindre 8 719, puis 10 774 en 2022, notamment en raison d'un retard pris en 2020 sur le traitement des demandes durant la crise sanitaire liée au Covid-19. Ces chiffres représentent une goutte d'eau dans le flux des titres de séjour délivrés chaque année : 320 330 nouveaux titres de séjour ont été délivrés par la France en 2022 ; les admissions exceptionnelles au séjour ne représentant ainsi que 3 % de ces titres. Ces chiffres sont non seulement limités par les politiques mises en place par les préfectures mais aussi par les employeurs, sans qui les salariés sans papiers n'ont pas la possibilité de déposer une demande d'admission exceptionnelle au séjour. Car le mécanisme de régularisation par le travail est largement soumis au bon vouloir de l'employeur, ce qui entraîne des conflits sociaux récurrents.

« La régularisation devrait se faire sur simple preuve de la relation de travail qui existe entre un salarié et un patron », souligne Marilyne Poulain, l'ancienne figure de la lutte des sans-papiers au sein de la CGT, aujourd'hui préfète à l'égalité des chances. Les employeurs qui entrent dans cette démarche sont ceux qui respectent le droit du travail. « S'il est difficile d'estimer le volume de demandes non déposées du fait d'un refus de l'employeur, la Direction générale des étrangers en France rappelle au cours de son audition que l'emploi d'un ressortissant étranger sans titre représentait la deuxième infraction de travail illégal en 2019 et en 2020 (14 %) et qu'il est plausible qu'une part importante des employeurs concernés n'aient pas incité leurs employés à déposer une demande de régularisation, voire les en aient empêchés », explique ainsi un rapport du Sénat publié dans le contexte de la loi sur l'immigration portée par Gérald Darmanin, faisant état d'un projet de loi « pas à la hauteur des ambitions affichées » et d'une politique d'immigration « plombée par ses insuffisances ».

« À la Cimade, on propose d'imaginer un monde où ces personnes seraient régularisées et de voir à quel point ce serait bénéfique pour elles, mais aussi pour le reste de la société. Il faut sortir de ces analyses très dogmatiques », conclut Fanélie Carrey-Conte.

Conclusion

Ces esclaves parmi nous

Bienvenue au XXIe siècle. Celui de la fabrique des esclaves. Après deux ans d'enquête, je peux dire que les travailleurs sans papiers sont présents dans tous les secteurs d'activité ou presque. Ils sont utilisés par les entreprises comme les particuliers, qui profitent, dans bien des cas, de leur bonne volonté et de leur détresse pour réduire leurs coûts et leurs dépenses. Nombreux sont celles et ceux qui survivent avec quelques euros de l'heure ; nombreux sont celles et ceux qui atteignent 70 heures de travail par semaine, bien au-delà du cadre légal, en étant payés à hauteur de 35 heures.

L'État organise leur précarité à la fois financière et administrative, les laissant s'enfoncer toujours un peu plus dans l'irrégularité. Il rechigne à régulariser les personnes présentant pourtant de bons dossiers et respectant les critères de la circulaire Valls, qui permet une admission exceptionnelle au séjour par le travail. Pire, il fabrique aussi ses propres sans-papiers, en ne renouvelant pas certains titres de séjour dans les temps, coupant ainsi des centaines, voire des milliers de personnes de leurs droits chaque année. Cette politique, qui répond principalement à des schémas démagogiques, nous mène droit dans le mur. Aucun pays ne peut être gagnant en laissant une partie de sa population (parlons ici de résidents) évoluer à la marge, propulsée dans un monde de débrouille qui la contraint à accepter d'être exploitée, mal payée et maltraitée. Certains d'entre eux, comme Roland, perdent la vie dans l'indifférence pour nous permettre d'avoir des routes, des stades ou des infrastructures comme le projet MurMure à Paris. Je n'oublierai sans doute jamais son histoire. Tout comme celle d'Omar Elkhouli, ce peintre égyptien décédé à la frontière franco-italienne après s'être rendu en Italie pour tenter d'obtenir une carte de séjour, parce qu'il ne parvenait pas à régulariser sa situation en France, après dix années passées sur notre territoire. Les murs de l'hôpital Robert Debré à Paris ne seraient pas ce qu'ils sont aujourd'hui sans le travail qu'il a fourni. Le personnel soignant ignorait tout de sa situation administrative, persuadé qu'il était « en règle » – comment aurait-il pu travailler à l'hôpital si cela n'avait pas été le cas ? m'ont demandé les professionnels lorsque j'ai enquêté sur cette affaire.

Les autorités et certains employeurs ont beau vouloir le dissimuler, cet univers parallèle finit par croiser le nôtre, tôt ou tard, venant nous rappeler la violence et l'inhumanité de nos politiques migratoires. Nous ne pouvons pas continuer à faire comme si les sans-papiers n'existaient pas. Cette logique s'avère totalement contre-productive, à la fois sur le plan humain et sur le plan socioéconomique. En étant protégé comme n'importe quel autre travailleur et en ayant la garantie d'un salaire digne, ces personnes pourraient consommer davantage, payer des impôts et cotiser ; bref, combler le manque à gagner qui pourrait atteindre près de 2 milliards d'euros par an en France. Laisser entre 600 et 700 000 personnes, soit l'équivalent de 1 % de la population française, survivre dans une telle précarité est indigne. D'autres pays européens ont pris conscience de cette hypocrisie sans nom au cours des deux dernières années : l'Allemagne tout comme l'Espagne ont choisi de régulariser des milliers de personnes présentes sur leur territoire, qu'il s'agisse de *harragas* (du nom des migrants qui traversent la Méditerranée depuis le Maghreb) ou de déboutés de l'asile inexpulsables, et de leur donner accès à la formation et au travail, en particulier dans les métiers en tension où les entreprises peinent à recruter. Si la logique peut sembler purement utilitariste, elle répond aux demandes des sans-papiers qui, bien souvent, ne demandent qu'à pouvoir travailler pour subvenir à leurs besoins et à ceux de leurs proches. Il sera difficile d'oublier, en France, les interminables débats et tergiversations du gouvernement sur cette question. La droite aura tout fait pour retirer l'article 3 du projet de loi sur l'immigration, visant à régulariser, sur des critères restrictifs, une partie des travailleurs déjà embauchés dans des métiers en tension ; tandis que Gérald Darmanin, le ministre de l'Intérieur, aura tout fait pour renforcer ses volets répressifs tout en laissant planer l'idée que l'article 3 pourrait être supprimé.

À l'ère de la mondialisation, nous refusons que des êtres humains soient errants, au prétexte qu'ils n'auraient pas les bons papiers, la bonne couleur de peau ou la bonne religion pour venir s'installer en France et travailler légalement à nos côtés. Dans le même temps, il nous paraît évident de partir à l'autre bout du monde pour tenter l'expérience de l'expatriation – 1,7 million de Français étaient établis à l'étranger en janvier 2023 – sans pour autant être considérés comme des migrants ou rendus à l'état de sans-papiers, simplement parce que nous sommes nés dans le « bon » pays et que nous sommes dotés du « bon » passeport. Cessons de laisser des centaines de milliers de personnes dans une forme de demi-existence qui peut, à tout moment, les faire plonger dans l'abîme. Donnons-leur les mêmes droits que ceux dont nous pouvons bénéficier, comme celui de pouvoir travailler légalement et de gagner dignement notre vie ou celui de pouvoir voyager sans risquer notre vie ou celle de nos enfants. Accompagnons-les dans leur insertion sociale, professionnelle ou familiale, sans laisser peser le risque de la rétention ou de l'expulsion sur leurs épaules.

Les sans-papiers ne sont pas des monstres : il faut prendre le temps de les connaître, de les écouter, d'entendre leurs ambitions rêvées et leurs souffrances. Demain, Sara pourrait devenir coach sportive et nous permettre de nous entraîner ou de nous perfectionner dans notre sport favori. Eldhose pourrait devenir chef cuisiner et ouvrir son propre restaurant, comme il en rêve depuis plusieurs années, en embauchant à son tour. Sabine pourrait enfin suivre une formation d'aide à domicile pour être qualifiée dans le métier qu'elle a choisi et qu'elle aime tant. Yao pourrait vivre de son art, être professeur de musique à plein temps auprès des enfants comme des adultes. Hajer pourrait continuer à soigner des patients à l'hôpital sans être inquiétée de ne pas voir son titre de séjour renouvelé d'une année sur l'autre. Roland serait encore parmi nous ; il n'aurait pas perdu la vie en travaillant dans d'obscures conditions le 4 avril 2023 à Paris et aurait pu venir admirer les locaux du projet « MurMure » une fois le chantier du lieu achevé. Lamine et ses amis, les hommes porteurs de Leroy Merlin, pourraient se mettre à leur compte et ouvrir une entreprise de déménagement. Moussa pourrait suivre une formation, pour devenir agent d'escale dans les trains de la SNCF, parce qu'il aime par-dessus tout le contact avec les voyageurs, malgré les mauvais traitements que ces derniers peuvent lui infliger parfois.

Ils et elles pourraient enfin vivre normalement, travailler sereinement et avoir la liberté de circuler, en France comme à l'étranger.

Remerciements

Je remercie Sabine, Hajer, Sara, Elgi et Eldhose, Moussa, Yao, Abdel, Lamine et Rachid pour leur confiance et leur courage de s'être livrés à une inconnue. Un très grand merci à Francis d'avoir bien voulu dresser le portrait de son ami Roland Béranger, mort au travail pour la France. Merci à Salima, pour son écoute, son précieux soutien et son œil attentif. Merci à Massinissa, Nadia et ma bien-aimée Habiba. Merci à Mediapart et au merveilleux collectif qui porte ce journal chaque jour. Merci à tous les exilés que j'ai rencontrés depuis ces cinq dernières années et qui m'ont tant inspirée pour ce livre. Merci au Gisti et à la Cimade pour leur regard éclairant sur le sujet des migrations. Enfin, je remercie tout particulièrement Salomé Viaud, sans qui ce livre n'aurait pas vu le jour, ainsi que Muriel Brami ; et les éditions du Seuil pour leur travail de qualité et les valeurs qu'elles défendent.

Table

RÉALISATION : NORD COMPO À VILLENEUVE-D'ASCQ
ACHEVÉ D'IMPRIMER SUR ROTO-PAGE
PAR L'IMPRIMERIE FLOCH À MAYENNE
DÉPÔT LÉGAL : JANVIER 2024. N° 150745 (104046)
IMPRIMÉ EN FRANCE